本书系上海市复旦中学媒介素养能力建设与媒介素养认知研究项目成果

Why Media Is So Fascinating:
Media Literacy in 12 Lessons

媒介为何令人着迷

十二讲

徐笛　郑曼琳　叶金　周旦烨　周鑫雨　著

复旦大学出版社

序言

媒介素养需要终身学习

手机是新时代的"精神鸦片"吗

自 2022 年开始,在武汉、重庆、广州等近 20 个大中城市里,一群家长身穿印满红色标语的大红 T 恤,手持红色小旗,在闹市区高喊:"网络游戏,谋财害命,欠债还钱,天经地义。"这些家长都是"反对网络游戏家长联盟"的成员。在经历了摔手机、断网、与孩子激烈冲突等无效斗争后,家长们选择这种方式,意图推动监管政策的出台。

实际上,监管一直在"加码"。2019 年,国家新闻出版署发布了《关于防止未成年人沉迷网络游戏的通知》,规定网络游戏用户注册实名制,22 时至次日 8 时禁止未成年人玩游戏。未满 18 岁的玩家在法定节假日玩游戏的时长不得超过 3 小时,其他时间每日不得超过 1.5 小时。时隔两年后,《关于进一步严格管理切实防止未成年人沉迷网络游戏的通知》再次下发,这个被称为"史上最严游戏禁令"的通知要求游戏公司仅能在周五、周六、周日和法定节假日每日 20 时至 21 时为未成年人提供 1 小时游戏服务,即未成年人每周至多能玩 3 小时游戏。但"最严"似乎仍然不能让家长们满意。

调查显示,2022年中国未成年网民规模达到1.93亿,其中,使用手机上网的比例为91.3%,玩手机游戏的比例为62.8%,经常看短视频的比例为54.1%[①]。看视频正慢慢超越打游戏,成为当下中国青少年最主要的网络使用行为。

一时间,手机成为众矢之的,"手机是新时代的'精神鸦片'"开始频繁见诸报端,甚至有评论称,人们躺着玩手机与百年前躺着抽鸦片的姿态惊人地相似。解决的办法不约而同指向"禁止",世界各国似乎都开出了类似的"药方"。

美国的调查显示,97%的青少年在上课期间使用手机,72%的美国高中教师和33%的初中教师认为,手机干扰课堂教学。佛罗里达州、印第安纳州等州通过了新法律,禁止学生在上课期间使用智能手机。宾夕法尼亚州和特拉华州则拨款,帮助学校购买可以上锁的手机袋。社会心理学家乔纳森·海特(Jonathan Haidt)的新书《焦虑的一代:童年的巨大重塑如何导致精神疾病的流行》(*The Anxious Generation: How the Great Rewiring of Childhood Is Causing an Epidemic of Mental Illness*)更是引发了全美的讨论。书中认为,智能手机的兴起导致青少年精神疾病的增加。每天花在社交媒体上超过3小时的青少年,患焦虑和抑郁症的风险会增加一倍。截至2023年夏天,青少年每天平均使用社交媒体的时间是4.8小时。跨越大洋的父母们不约而同地行动起来,当中国父母手举标语时,美国父母号召大家一起签署承诺书,让孩子在8年级后再拥有手机。

法国也在推行一项"数字暂停"计划,部分学校试行禁止15岁以下学生在校使用手机,如果试行成功,计划将于2025年1

---

① 共青团中央维护青少年权益部、中国互联网络信息中心:《第5次全国未成年人互联网使用情况调查报告》,2023年12月,https://qnzz.youth.cn/qckc/202312/P020231223672191910610.pdf,最后浏览日期:2024年10月14日。

月在法国全国推行。另外,由法国总统委托的一项调研建议,3岁以下儿童不应接触包括电视在内的任何屏幕,11岁之前任何儿童都不应使用手机。瑞典政府也试图推广禁止小学生在校使用智能手机。瑞典卫生部门更是发布官方指导意见,提出2岁以下儿童不应有任何屏幕时间。

但在媒介渗透的年代,未成年人能够做到与手机绝缘吗?暂且搁置实施的难度,回到最为核心的问题:作为决策制定者、教育者或家长,我们如何应对媒介的影响?这不仅折射出教育者的媒介观,也表征了我们如何在教育中安置未成年人的位置。

参与其中,而非禁用

20世纪二三十年代,为应对快速攻城略地的商业化媒介的影响,英国学者弗兰克·R. 利维斯(Frank R. Leavis)和丹尼斯·桑普森(Denys Thompson)提出在学校教育中开展媒介素养教育,教导学生高雅与低俗文化之别,并抵制大众媒介。因为大众媒介仅提供"低水平的满足",并侵蚀传统文化。当时的教育是家长式的,未成年人是"受保护的对象"和"被教导的对象"。随着电影这一文化形式逐渐被接受,媒介素养教育稍微转变了立场,不再一味地抵制,而是提出批判地辨别,强调对大众文化去粗取精。20世纪80年代起,媒介素养教育逐渐跳出"审视"的视角,教育内容得以扩展,除了强调学生应具备批判识别媒介的能力,也开始培养学生对媒介识读和使用的能力。

当下媒介版图飞速扩展,算法推荐、社交媒体、计算广告等新的媒介要素正重新塑造人类的信息生活方式。英国、美国、加拿大等国都在初等教育阶段开设了"媒介素养"课程,并把媒介素养作为公民素养教育的重要组成部分。中国部分学校也开设了"媒介素养"选修课,上海复旦中学即领潮流之先,本书即缘起于作者团队为该校高中生开设的为期一学期的"媒介素养"课程。

如果选择用"禁用手机"的方式来应对今天的媒介,无异于回到了百年前——以抵制作为教育目标,如此便窄化了媒介素养的教育内容,更重要的是,削弱了未成年人的主体性,未成年人对关涉自身的教育完全没有发言权。同时,这也不利于发挥媒介素养教育的实际功效。需要强调的是,针对未成年人的媒介素养教育应吸纳未成年人自己的声音。仅举一例,上海市包玉刚实验学校的徐芷嫣、西南位育中学的孙语林、进才中学的肖佳宁三位同学曾对上海中学生的算法认知展开调研(调研成果获得上海市青少年科技创新大赛二等奖),她们发现中学生普遍吐槽"未成年模式",并称其为"低幼模式",因为它会为中学生推荐《喜羊羊与灰太狼》等动画片。

早在1982年,联合国教科文组织就发布了《媒介素养宣言》,提出"我们生活在一个媒介无处不在的社会,与其单纯谴责媒介的强大,不如接受媒介对世界产生巨大影响这一事实,承认媒介作为文化要素的重要性"。这个判断仍适用于今天。承认媒介的重要性,意味着承认媒介是数字时代生活的"副产品",它随着生活自然而然地发生。未成年人应该在真实的社会环境中学习,美国教育思想家杜威也推崇教育与社会的紧密接轨。真实的社会环境无法隔绝手机、网络、算法等数字时代的媒介要素,我们也无法期待在未成年人完全没有使用经验的情况下开展批判和教育,也不可能期待未成年人在拥有第一部智能手机时能具备足够的识别和判断能力。

杜威提倡"在做中学"(learning by doing),这个教育理念有广泛回响。将所学知识用以解决实际问题,在实际应用中遇到新困难,再激发新的认知。"在做中学"十分契合数字时代的媒介素养学习。新的媒介技术不断涌现,媒介的发展变化日新月异,教育者未必能完全跟上媒介的发展,并对未成年人的相关教育作出准确全面的判断。未成年人具有较强的求知欲和好奇心,甚至可能比教育者拥有更优异的媒介技能素养。让未成年人通过亲身实践认知媒介运转的秘密,"在做中学"会使他们获得更为深刻的认知。本书在算法、游戏等部分都设计了实践环节,通过实践能够切身感受算法推荐和游戏刺激的机制。

算法等新的数字技术正在快速接管本应由人类作出决策的领域。对此,我们不断强调人的主体性,不要让机器的思考代替人的思考。实际上,媒介素养的学习应该是全体社会成员共同参与的学习过程。未成年人是重要的社会成员,也应具有话语权,只有参与到媒介社会中,才有可能去实践主体性。参与,也是实现自我赋权的过程。

如何使用这本书

这本书是新闻学师生写给普通公众的科普书。首先,它不是教材,无须背诵任何理论和观念,书中邀请公众"在做中学",通过实践理解媒介。其次,它不是虚构读物,每个案例、每种阐释都立足于最新的研究成果。最后,它不是宣教读物,通过参与实现赋权并形成自我认知是作者团队认可的学习过程。

如前所述,本书源起于作者团队与上海复旦中学的高中生们对媒介素养的共同学习过程。作者团队中有前记者、现记者、游戏玩家,大家都是深度社交媒体使用者。我们认同媒介素养是数字时代公民素养的一部分,媒介素养教育是通过使用媒介,理解媒介的作用与运转机制,参与媒介运转过程,实现自我赋权的教育过程。

　　本书架构围绕使用、理解、参与、赋权四个方面展开。全书分为三部分。第一部分拆解新闻媒介的角色,讲授新闻实践技能,论及新闻业的兴衰、新闻采写与编辑的操作、新闻评论的艺术。第二部分分析了数字技术如何带来媒介变迁,阐释了什么是社交媒体、假新闻为何猖獗、如何进行事实核查、大数据时代的隐私问题和算法的运转等。第三部分重点探讨了媒介如何让人上瘾,涵盖了广告与消费文化、短视频的沉迷机制和游戏成瘾的刺激机制等。这部分我们邀请读者共同实践,通过亲身操作,感受媒介运转机制,同时提供了应对方案。近年来,新闻传播学相关议题频频出现在高考作文中,比如如何看待点赞、如何应对信息茧房(information cocoons)等。最后一讲梳理了近年来在高考全国卷和地方卷中出现的与媒介相关的考题,并以理论研究成果为支撑提供了解题思路,相信对高中生尤有裨益。

　　本书第一、二、三讲由周鑫雨执笔,她在新闻一线,新锐而独立;第四、五、六讲由叶金执笔,她身在海外,诚挚而包容,是一位行动主义者;第七、八、十一讲由周旦烨写就,她的深刻隽永的文字常令人惊叹;第九、十、十二讲由郑曼琳执笔,她永远乐观、充满活力。作为她们的老师,我常欣慰,从本科到研究生,她们传承对真实的追求;也常感叹,新闻专业的女子美好至深,将求真作为生活方式。我从她们身上看到以学生为主体的教育的力量。除了学习她们的文字,我负责书籍架构搭建,并对全文进行编辑、修订。

　　我是一名9岁女孩的妈妈,我的孩子拥有一部智能手机。她用手机拍照、写下自己的心情、与朋友视频聊天,也会偶尔玩游戏。我邀请她一起玩《纪念碑谷》,并感叹其界面之美。或许很多教育者认为,允许低龄孩子拥有手机是冒险的。我无法预测如此放开的结果（但愿不是后果），但更想遵循一个常识性原则——尊重她的主体性。我佩服她学习之快，下载即使用。我常通过讨论了解她的媒介观，并与她辩论媒介的功能与运转机制。在她使用手机的一年里，屏幕时间中位数约为8分钟。我推荐读者也通过讨论、辩论的方式使用本书，书中还提供了一些辩论题目。

感谢上海复旦中学设立媒介素养教育项目，使本书得以出版，面向高中生及大众的媒介素养教育成为可能。感谢上海复旦中学副校长王长芬老师，教科室主任余芬老师，语文教研组王文晶、邓璐老师的参与和支持。感谢敞亮明媚的"女朋友们"——我的学生郑曼琳、叶金、周旦烨、周鑫雨。多年前，我的导师也曾在繁重的科研教学工作之余，组织编写面向公众的媒介素养图书。现在我们继续做这份工作，说明媒介不断变迁，媒介素养应成为终身学习的内容。

在序言的最后，我们还想对父母说：理解孩子，不要指责。在现代社会中，父母工作时间更长、家庭规模更小，人们普遍害怕让未成年人独自外出玩耍，这意味着孤独可能是未成年人的生活常态。也许只有提供更多的玩伴，让家长安心放孩子外出玩耍，才能替代"手机为伴"。

徐 笛

2024年9月18日

目　录

第一部分　媒介内容如何生产

第一讲　走近新闻 ………………………………… 003
　第一节　新闻的力量 ………………………………… 005
　第二节　新闻是什么 ………………………………… 008
　第三节　是"镜子"还是"窗口" ………………… 011
　第四节　"新闻已死"吗 …………………………… 013

第二讲　新闻采写：用笔打量人间 ……………… 017
　第一节　寻找新闻选题 ……………………………… 019
　第二节　采访前的准备：等风来不如去追风 …… 022
　第三节　采访进行时：调动所有感官 …………… 024
　第四节　认识新闻文体：新闻的"十八般"面貌 … 027
　第五节　报道的构成：骨肉相连 ………………… 031
　第六节　报道赏析：食而知其味 ………………… 038
　第七节　打捞悲剧中的"个" …………………… 040

第三讲　新闻编辑：新闻生产的幕后英雄 ········ 043
- 第一节　认识编辑：把关人 ········ 044
- 第二节　编辑和记者谁说了算 ········ 045
- 第三节　版面设计与编排：创意性工作 ········ 049
- 第四节　从幕后到台前 ········ 052

第四讲　新闻评论：公共言说的艺术 ········ 055
- 第一节　评论与新闻：泾渭分明 ········ 056
- 第二节　为什么要学习写作评论 ········ 059
- 第三节　如何写好评论：从主体和选题谈起 ········ 061
- 第四节　评论赏析：说理与风格 ········ 064

第二部分　新技术如何改变媒介

第五讲　永远在线：生活在社交网络时代 ········ 081
- 第一节　生活在社交网络/媒体时代 ········ 082
- 第二节　什么是社交网络/媒体 ········ 087
- 第三节　如何运营社交网络/媒体 ········ 090
- 第四节　社交媒体时代的公共生活 ········ 093
- 第五节　社交媒体双刃剑 ········ 098

第六讲　事实是神圣的：在数字时代求真 ········ 101
- 第一节　假新闻 ········ 103
- 第二节　虚假信息为何泛滥 ········ 108
- 第三节　事实核查新闻的勃兴 ········ 114

第四节　事实核查技能：擦亮火眼金睛……………… 119

第七讲　大数据时代和被数据化的我们……………… 130
　　第一节　当世界被打上数据标签…………………… 131
　　第二节　被数据化的我们…………………………… 134
　　第三节　大数据时代的数据泄漏危机……………… 138

第八讲　被"算计"的生活：理解算法………………… 143
　　第一节　算法打造千人千面………………………… 144
　　第二节　算法偏见与权力转移……………………… 148
　　第三节　与算法共处………………………………… 153

第三部分　媒介如何让人上瘾

第九讲　消费神话：无处不在的广告………………… 159
　　第一节　广告是如何出炉的………………………… 160
　　第二节　不同人眼中的广告………………………… 167
　　第三节　智能分发：这则广告为何偏偏选中我…… 172
　　第四节　广告的文化塑造：为什么妈妈总在劳作…… 176

第十讲　感官消费：解构影像、技术和资本………… 181
　　第一节　短视频：为什么有人沉迷…………………… 182
　　第二节　娱乐化：芒果 TV 的综艺生意……………… 187
　　第三节　和理性肩并肩，夺回自主权………………… 190

第十一讲　游戏消费：虚拟世界的"人生体验" …………… 194
　第一节　利润丰厚的游戏产业 ………………………………… 195
　第二节　游戏为什么好玩 ……………………………………… 200
　第三节　是"我们消费游戏"还是"游戏消费我们" ………… 203

第十二讲　新闻传播学：高考作文@了你 …………………… 209

第一部分

媒介内容如何生产

第一讲　走近新闻

知识导图

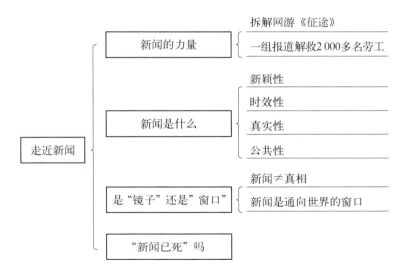

每种制度都可以被看作一些伟人影子的延伸。

——［美］拉尔夫·爱默生（Ralph Emerson）

"倘若国家是一条航行在大海上的船,新闻记者就是船头上的瞭望者。他要在一望无际的海面上观察一切,审视海上的不测风云和暗礁险滩,及时发出警告。"[①]"美国现代新闻业之父"约瑟夫·普利策(Joseph Pulitzer)曾如此描述新闻记者之角色。

中国共产党创始人之一、主编过《新青年》杂志的李大钊曾写下对联"铁肩担道义,妙手著文章"。此句出自明朝谏臣杨继盛。以救亡图存为己任的李大钊借此句与友人互勉。著名报人、记者邵飘萍也以此句铭志。

记者曾享有盛誉,被称为"社会的良心"。进入数字时代,"新闻已死"的论调甚嚣尘上,报刊停刊不绝于耳,新闻业似乎失去了往日的荣光。

在数字技术的驱动下,我们所处的信息环境正发生翻天覆地的变化。一方面,人人都有麦克风,人人都可能成为见证者、记录者;另一方面,信息的洪流令人无所适从,如何辨别信息真伪成为新的挑战。

在日新月异的信息环境中,新闻业日趋暗淡,但新闻不会消失,它以新的形态在场、存在,它是人类与世界连接的窗口。

开篇思考:新闻是什么?

新闻是什么?阅读新闻能给我们带来什么?一种说法是,新闻是映照现实世界的明镜,我们透过新闻了解现实世界的变动;另一种说法认为,新闻是我们观察世界的窗口,窗口的位置、大小都会影响我们对世界的认知。

[①] 黄煜、徐来:《追求卓越新闻——普利策新闻奖之魅》,《新闻战线》2013年第11期,第3页。

【提问】在你看来,新闻是什么呢?

【提问】在以下三个案例中,哪些是新闻?为什么?

(1) 日本伊豆诸岛海域发生地震,引发小型海啸。

(2) 一名用户无法正常登录社交媒体账号。

(3)《网络暴力信息治理规定》公开征求意见。

【提问】你经常看新闻吗?你从哪些渠道获取新闻?

第一节　新闻的力量

一、拆解网游《征途》

作为真正意义上的初代"斜杠青年",史玉柱做了两件足以载入中国商业发展史的大事:一是创立了脑白金,让"今年过节不收礼,收礼就收脑白金"成为家喻户晓的广告词;二是开发网游《征途》。虽然手机游戏(手游)和虚拟现实(VR)游戏的兴起早已让《征途》成为时代的眼泪,但"首创并发展氪金(指支付费用,特指在网络游戏中的充值行为)模式"让《征途》成为中国网络游戏的先驱。2005 年,《征途》创下玩家"氪金"4 000 万元的纪录。时至今日,此业绩仍令大多手游望尘莫及。

然而,2007 年,一篇来自《南方周末》记者曹筠武等的报道《系统》[①],令《征途》走下坦途。这篇报道从《征途》中"国家"间的一次大战开始,讲述了一位玩家吕洋(化名)如何通过不断"氪金"在虚拟世界中笼络人心,成为一"国"之主,换上最好的装备,登上排行榜首。在"氪金"的过程中,吕洋试图反抗《征途》的规

---

① 曹筠武、张春蔚、王轶庶:《系统》,《南方周末》2007 年 12 月 20 日,第 6 版。

则,但她发现,《征途》的系统宛如深渊,一旦违背"花钱才能赢"的生存规则,下场只有望断天涯路。最终,吕洋选择从《征途》的"系统"中出走,彻底解脱。

报道中的故事简单明了,它带来的思考是深远的——控制我们的"系统"不仅仅存在于游戏世界中。《系统》给予读者们看待世界的全新方式。"系统"这个意象不断地被使用,例如《人物》杂志用"困在系统中"来详述困在算法"系统"中的外卖骑手的境遇。

新闻不仅记录现实,更引领人们对现实世界进行深入思考。下面一则报道则是借由新闻改变现状。

二、一组报道解救 2 000 多名劳工

随着交通航运的发展,海鲜几乎已成为世界各地稀松平常的盘中餐。谁在捕捞海鲜？美国联合通讯社(The Associated Press,简称美联社)的四名女记者耗时 18 个月,向公众揭示了海鲜捕捞业的黑暗一面。

美联社记者获知,在印度尼西亚的一个小岛上,一家企业通过囚禁免费劳工来捕捞海鲜、生产海鲜制品。这些劳工多为缅甸裔,被拐卖或被欺骗到岛上,有的已被囚禁十余年。

美联社两名女记者在一位当地向导的帮助下来到岛上,发现了被锁在笼子里的劳工。随后,美联社派出一位缅甸裔女记者,她在取得劳工们的信任后,委托劳工们拍下了现场捕捞的视频,并完成了采访。此举获得了事件报道的关键信息,也避免了使用偷拍偷录方式可能引发的伦理争议。

通过卫星跟踪技术,美联社跟踪了一艘海鲜货船的航行路线,发现海鲜制品被送至美国的一家超市。在获取报道素材后,记者们并没有第一时间公开报道。如果马上报道,劳工们或会陷入人身危

机,遭受报复。权衡之下,记者们先将证据提交给有关机构,待劳工们成功获救后,才公开报道。此时距离采访已过去近两年。

2016年,这篇名为《血汗海鲜》(见图1-1)的报道获得了普利策新闻奖公共服务奖,并帮助解救了近2000名被困劳工,还直接推动了相关国家出台打击人口贩卖的法令。

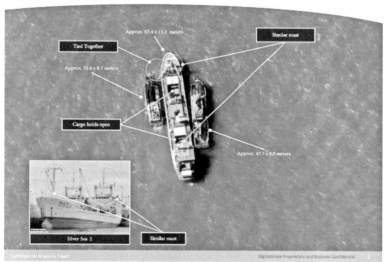

图1-1　美联社《血汗海鲜》报道①

《血汗海鲜》的报道过程具有许多被新闻人奉为典范的操作。

(1) 科技的赋能。GPS卫星追踪技术的运用帮助报道锁定关键信息,提高了媒体报道的效率。

(2) 伦理的把握。面对近在咫尺的真相,记者们是克制的,

---

① Martha Mendoza, Robin McDowell, Esther Htusan, et al., Seafood from slaves, The Associated Press, https://www.ap.org/news-highlights/seafood-from-slaves/, accessed on April 16, 2024.

没有使用偷拍、偷录的方式获取信息。新闻业是捍卫公正的职业,若用具有争议的方式去制裁不正义就会难以自辩。

（3）智勇的并行。涉足险境、追寻真相是"勇",全身而退、巧探迷津为"智"。记者将摄像头交给被困劳工,由劳工们拍摄的一手视频成为报道的最关键信息。

（4）人性的光辉。在取得关键证据后,记者并未第一时间公开报道,而是等待被困劳工成功获救后才发布新闻。记者们将同理心置于时效性之前,以受访对象的安危为先。

拉尔夫·爱默生说:"每种制度都可以被看作一些伟人影子的延伸。"[①]然而,《系统》和《血汗海鲜》两个案例告诉我们,制度并不仅仅是伟人的延伸,新闻也可以聚沙成塔。人们提起新闻名篇,除了感慨文本之精妙,更看重新闻为匡扶正义而做的努力。

如何匡扶正义呢？我们先要理解新闻是什么。

第二节　新闻是什么

新闻是什么,难有定论。不同的社会环境塑造了新闻的不同样态。以下是两个不同国家的新闻人对新闻的界定：

> 狗咬人不是新闻,人咬狗才是新闻。
> ——美国《纽约太阳报》(*The Sun*)前编辑主任约翰·博加特(John Bogart)(19世纪70年代)

---

① Ralph Emerson, "Self-Reliance", in *Essays: First series*, Boston: James Munroe and Company, 1841, p.53.

> 新闻就是新近发生的事实的报道。
>
> ——陆定一（1943 年）

在约翰·博加特看来，如"狗咬人"一般稀松平常的事不足以成为新闻，而"人咬狗"的冲突性和反常性使其具备新闻的属性，新闻的"新"在这里代表的是"新颖"和"新奇"。19 世纪 70 年代，受工业革命的影响，报刊走向工业化生产，西方报业进入了商业化阶段。为应对激烈的商业竞争，报刊争相刊发市井奇事以吸引读者。最典型的代表为《纽约世界报》(*The World*)和《纽约新闻报》(*New York Journal*)，两者以煽情的手法大肆报道社会新闻和犯罪新闻，用夸张的大号标题吸引读者阅读。两份报刊曾争夺一个漫画团队。该团队设计了一个穿着黄色大衣的男孩形象，被称为"黄孩子"，深受读者欢迎。由此，"黄孩子"演变为"黄色新闻"(yellow journalism)，用以指代一味追求刺激性内容、以煽情手法报道新闻的实践。黄色新闻因降低新闻生产的水准而饱受诟病。但"新奇"作为新闻选择的标准已渗入西方新闻业的血液，并延续至今。

在陆定一的界定中，新闻的"新"是时间上的概念，代表的是新近发生，即强调"时效性"。同时，陆定一还强调新闻是对"事实的报道"。这意味着"真实"是新闻最为重要、区别于一般信息的本质属性。

受版面和播出时长的限制，媒体并不会刊登每一件具有时效性和新颖性的事件。到互联网时代，容量不再是限制因素，以往"难登堂"的家长里短也能成为网络新闻。随着时代的发展，新闻的定义不断变化。到底该如何理解新闻的本质？美国社会学家盖伊·塔奇曼(Gaye Tuchman)看待新闻的视角或许能够为我们指点迷津。她认为：

> 新闻把单纯的事件转化为公众讨论的事件,就是赋予事件一种公众性格。①

新闻将事件转化为公共讨论的属性被称作新闻的"公共性"。换言之,新闻是人们认识世界的共同渠道和讨论公共事务的论坛。当自然灾害发生时,媒体会第一时间报道灾害的发生地点、破坏程度和救灾信息等,这类信息便是具有公共性的信息。公众据此了解灾害的风险,采取适当的防护措施减少伤亡和损失。相关报道可能揭示救灾中存在的问题和隐患,促进公共事务的讨论和管理。

基于对新闻"新颖性""时效性""真实性""公共性"的释义,我们再来判断下列事件是否可以成为新闻。

(1) 日本伊豆诸岛海域发生地震,引发小型海啸。
(2) 一名用户无法正常登录社交媒体账号。
(3)《网络暴力信息治理规定》公开征求意见。

三个事件都是新近发生的。其中,事件(2)是个人事件,一名用户无法正常登录社交媒体账号不能成为公共事件,不具备公共性。事件(1)和事件(3)具有较大的影响。地震是自然灾害,对人们生产生活有较大影响。近年来,网络暴力引发的社会事件层出不穷,值得引起公众关注、讨论。

一般而言,头条是新闻媒体最重要的版面位置,被视作最重大的新闻才会放置于此。对头条新闻的选择代表了媒体的价值

---

① [美] 盖伊·塔奇曼:《做新闻》,麻争旗、刘笑盈、徐扬译,华夏出版社 2008 年版,第 31 页。

取向。媒体会重视公共安全和群体利益,即"公共利益"。因此,事件(3)或许比事件(2)更需要得到人们的重视。但在电子媒介时代,许多社交媒体平台会优先考虑吸引更多用户,增加点击率和浏览量以获取更高的商业价值。公共价值与商业价值的博弈一直是新闻媒体需要面对的选择。

第三节　是"镜子"还是"窗口"

真实是新闻的生命,新闻是反映外部世界的一面镜子。在日常生活中,我们常用此类表述来强调新闻的重要性,以新闻为鉴,便可得知真相。但新闻所反映的一定是社会现实吗?报道现实就一定能够抵达真相吗?

一、新闻≠真相

2021年1月8日,美国劳动统计局发布的就业报告显示,2020年以来美国一共减少了14万个就业岗位。这个数据基于严密的人口普查,不少美国媒体都援引该数据进行了报道。媒体报道来自权威机构的权威调查数据,似乎尽到了真实报道外部世界的责任。它是一面"明镜"吗?

英国媒体《卫报》(*The Guardian*)对数据进行了进一步分析,告诉我们"镜子也可能会失真"。《卫报》记者[①]发现隐藏在总体就业数据中的性别差异。美国女性在2020年损失了15 600个工作岗位,但美国男性的工作岗位增加了16 000个。进一步挖

---

① 源自英国《卫报》记者莫娜·卡拉比(Mona Chalabi)的X账号(原称推特,Twitter),@MonaChalabi, https://twitter.com/MonaChalabi/status/1349062754762682368。

掘发现,白人女性的工作岗位增加了106 000个,而西班牙裔女性和黑人女性的工作岗位分别减少了31 000个和82 000个。若非深入挖掘,我们很难了解到14万个流失的就业岗位背后隐藏的性别和种族偏见。在此例中,大多数媒体报道了表面事实,但并未揭示深层事实。媒体经过不断挖掘,可以接近真相。

再举一例。"男司机开车技术比女司机高明",这似乎是很多公众默认的共识。在搜索引擎中输入"女司机",十有八九是关于肇事的负面新闻,知乎平台上还有一则"为什么大家都恐惧女司机"的词条。那么,新闻所呈现的样貌是不是社会现实呢?2019年,中国司法大数据研究院[①]的一份调查报告显示,在交通事故肇事人中,近95%为男性,女性仅占5%。我们需要反思的是,为什么媒体对报道女司机所造成的事故更加乐此不疲? 其实,这源于对女性的一种刻板印象。刻板印象是社会心理学术语,指人们对某个特定群体或社会阶层的成员共有的特征所持的观点,比如女孩子不擅长学数学、男孩子不擅长学语文等。刻板印象有利于快速建立认知,但这种固定的看法或会忽视群体内的个体差异,从而将错误的看法推而广之。由此,媒体的报道受到刻板印象认知的影响,并不是对社会现实的真实描摹。

二、新闻是通向世界的窗口

事实上,新闻报道并不完全等同于社会现实。盖伊·塔奇

---

① 中国司法大数据研究院:《司法大数据专题报告:交通肇事罪特点和趋势(2016.1—2019.12)》(2023年12月23日),https://data.court.gov.cn/filepath/%E5%8F%B8%E6%B3%95%E5%A4%A7%E6%95%B0%E6%8D%AE%E4%B8%93%E9%A2%98%E6%8A%A5%E5%91%8A%E4%B9%8B%E4%BA%A4%E9%80%9A%E8%82%87%E4%BA%8B%E7%BD%AA%E7%89%B9%E7%82%B9%E5%92%8C%E8%B6%8B%E5%8A%BF%EF%BC%882016.1-2019.12%EF%BC%89.pdf,2019,最后浏览日期:2024年9月29日。

曼曾提出一个重要的概念——新闻"窗口论",用于解释新闻与社会现实之间的关系。

> 新闻是人们了解世界的窗口……但是,跟任何用以描绘世界的框架一样,新闻这个框架本身也有自己的问题。窗口展示的视野取决于窗口的大小、窗格的多少、窗玻璃的明暗以及窗户的朝向是迎着街面还是对着后院。①

新闻被比作"了解世界的窗口"。通过这个窗口,我们得以了解自己、他人和世界。新闻窗口能够收纳的景致取决于窗子的大小、窗格的数量、玻璃的透明度和窗口正对的是街道还是后院。窗口能看到的并不是整个世界,而是被媒介挑选、塑造和建构的世界。新闻并非反映外部世界的一面镜子。我们需要认识到,新闻可能只是现实世界的"冰山一角",可以不断接近真相,但并不等同于真相。

第四节 "新闻已死"吗

如今你还看新闻吗?戴着眼镜、捧着报纸、喝着茶的情景似乎已成为老电影中的桥段,如今人们更习惯于从社交网络和朋友圈中获取新闻。

《血汗海鲜》的报道让我们看到记者职业的魅力,扎实的调查、流畅的写作可以矫正社会不公,挽救数千人。然而,在聚光

---

① [美]盖伊·塔奇曼:《做新闻》,麻争旗、刘笑盈、徐扬译,华夏出版社 2008 年版,第 30 页。

灯下,记者职业正面临严峻的挑战。新闻不再仅由记者来生产,在数字时代,普通公众只要拥有一部手机,就可以实时发布消息。尤其当自然灾害事件发生时,媒体无法第一时间赶赴现场,公众就成为现场的第一见证者和消息发布者。

2018年7月21日,自媒体人"兽爷"在个人微信公众号发布文章《疫苗之王》。文章梳理了长春长生生物科技有限责任公司的资本积累过程,揭露了其在疫苗生产和流通中存在的漏洞,引发公众对疫苗安全的强烈关注。四个月后,《疫苗管理法(草案)》开始征求意见。这则轰动全国的公共事件报道并不出自记者之手。一时间,"媒体已死""新闻已死"的论调甚嚣尘上。作为"媒体已死"的注脚,纸媒停刊、休刊的消息不绝于耳。仅在2021年元旦,就有近30家纸质媒体宣布关停。

实际上,"媒体已死"与"新闻已死"不可同日而语。媒体是以工业化的生产方式生产新闻的机构,而新闻是信息的一种表达形式。在现代工业化社会,新闻早已渗透到人们日常生活的各个角落,街头的公告栏、学校的电子屏、随身携带的智能手机都在不间断地传递新闻信息。人们也需要在一个分工日益复杂的社会中,通过新闻了解世界的变动。正如研究者所总结的:

> 在如今这个媒介渗透的社会(media-saturated society)里,媒介内在于(inside)社会之中,是我们文化肌理的一部分,已经成为"我们呼吸的文化空气"(the cultural air we breathe)。①

虽然媒体数量在减少、记者群体规模在缩小,但也要看到,

---

① A. Hepp, S. Hjarvard, & K. Lundby, "Mediatization empirical perspectives: An introduction to a special issue", *Communications*, 2010, 35(3): 223-223.

新闻正以各种新的形态萌生。2015年,中国台湾地区媒体《报道者》推出了一款新闻游戏——《急诊人生》(见图1-2),基于真实的急诊室医疗情境,让读者在游戏界面中体验急诊医生的工作节奏①。《报道者》是一家以非营利组织模式运营的媒体,不依赖广告,仅通过读者订阅维系运营。同时,虚拟现实新闻、无人机新闻、自动生成新闻、人工智能新闻等新兴样式不断涌现,意味着新闻正在经历变革,而非湮灭。

图1-2 《急诊人生》初始页面②

要点回顾

1. 新闻的力量。
2. 新闻的定义。

---

① 陈贞桦:《"如果我是急诊医师":报道者第一档新闻游戏》(2015年12月17日),https://www.twreporter.org/a/newsgame-emergency,最后浏览日期:2024年2月15日。
② 《急诊人生》(2015年12月17日),https://0media.tw/p/ergame/,最后浏览日期:2024年2月15日。

3. 新闻的特性。

4. 新闻与真相的关系。

思考题

1. 请你通过具体实例解释新闻"窗口论"。

2. 请你找到不同媒体对同一事件的报道,比较报道有何不同。

延伸阅读

1. 赖祐萱:《外卖骑手,困在系统里》,《人物》2020年9月8日。

2. 赖祐萱:《能够帮外卖骑手走出困境的,不是怜悯 | 手记》,《人物》2020年9月28日。

第二讲 新闻采写：用笔打量人间

知识导图

- 新闻采写：用笔打量人间
  - 寻找新闻选题
    - 新闻价值
    - 搜寻选题
  - 采访前的准备：等风来不如去追风
    - 案头准备
    - 发出采访邀请
    - 撰写采访提纲
  - 采访进行时：调动所有感官
    - 采访礼仪
    - 开启五官去采访
    - 持续追问
  - 认识新闻文体：新闻的"十八般"面貌
    - 消息、通讯与深度报道
    - 融合新闻
  - 报道的构成：骨肉相连
    - 标题：提纲挈领
    - 摘要：提示要点
    - 导语：交代"谁""做了什么"
    - 正文：提供信息增量
    - 倒金字塔结构
  - 报道赏析：食而知其味
  - 打捞悲剧中的"个"

> 书写恰好是历史的媒介。
>
> ——［法］贝尔纳·斯蒂格勒（Bernard Stiegler）

我们从新闻中臧否人物，评论世间万象。我们观察世界的"窗口"是如何生产出来的？新闻生产者如何展开工作？普通公众如何辨别新闻的优劣？回答这些问题是本讲的目标。

开篇思考：

【提问】生产一条新闻需要经过多少道工序？

试想，你是一个初出茅庐、即将迈入新闻业的毕业生。象牙塔教会我们，新闻具有时效性、新颖性、真实性和公共性四个特征。然而，不同媒体对同一事件的报道可以千差万别，新闻的调性不尽相同。这是因为不同媒体有不同的定位和风格。

下面三则新闻标题，都在讲什么呢？

（1）《我从来没有低谷，因为我一直在谷底》
（2）《暴瘦50斤从油腻男变小鲜肉，这死丫头也太狠了》
（3）《抄袭拒不道歉的他们何以横行这么多年？》

这三篇分别发表在《人物》杂志、娱乐营销号、《南方周末》上的新闻都关注了导演于正。写的是同一个人，但标题导向截然不同。从中可以看出：首先，媒体的调性、风格不尽相同，有些媒体侧重娱乐性，有些媒体侧重反思性；其次，一篇报道很难涵盖事件或人物的全貌，一个人的形象或者一起事件是立体的、复杂多面的，在一则报道中很难全面呈现；最后，人物和事件是不断演变发展的，新闻报道只有不断跟进，才能反映不断变化的世界。

虽然对人物或事件的报道多种多样，但新闻的出炉遵循基本工序：首先确定选题，然后展开采访，继而写作成文，最终经过编辑予以刊载。接下来，我们按照生产工序来看看新闻的出炉过程。

第一节　寻找新闻选题

每天世界上发生很多事情，并非每件事都会被报道。什么样的事能登上新闻呢？在长期新闻实践过程中，新闻记者积累了一套筛选规则，我们称之为"新闻价值"标准，记者们正是依据这套标准来筛选新闻。

一、新闻价值

新闻价值是一套衡量事件是否值得被报道的标准，源于长期的经验积累，融合了记者对读者需求的想象和新颖性、时效性、真实性、公共性四个新闻的基本属性。中西方判断新闻价值的标准略有差异。总体上，能登上新闻的事情需要满足时效性、重大性、新奇性和接近性。前三个条件比较好理解，指事情需要在当下发生、具有重要性，并且并非稀松平常的事情。何为接近性？我们可以通过一个例子来更好地了解：

（1）2021年2月19日，山西省阳泉市平定县张庄镇范家掌村发生山火。

（2）2021年2月5日，澳大利亚西南地区发生两场山火。

这两起事件性质相似、发生时间相近。若你是中国媒体的记者,你更倾向于报道哪起事件呢?

想必你会选第一起事件,因为接近性在影响我们对事件重要程度的判断。我们往往会选择地理位置上更接近自身的事件作为新闻。同理,浙江高考改革和上海高考改革同时发生,上海的媒体会更倾向于选择上海高考改革作为新闻。

除了地理位置,心理上的接近性也会影响事件的"中标概率"。心理上接近是指新闻报道与读者的情感、兴趣和文化经验等密切相关,引发读者共鸣,从而更好地理解新闻事件。例如,中国媒体会报道老人赡养议题。在中国文化情境中,这一议题较为重要,也容易引发读者共鸣。

值得注意的是,可行性是寻找新闻选题的前提。即使满足了时效性、重大性、新奇性和接近性四个要素,但若新闻当事人难以联系,或者新闻事实不清,那也只能放弃。

二、搜寻选题

明确了选题的挑选标准,接下来需要落实。以往常用"扫街"来形容找选题时记者的工作状态。"扫街"形象地呈现了记者在街头巷尾走访,观察周边变动,与公众交流,以发现潜在的新闻选题。在前社交媒体时代,"扫街"表明记者十分勤劳,深入社会现实。当下,大量选题来自社交媒体,突发事件发生时,公众倾向于先在社交媒体上发声。由此,通过"扫街"寻找选题的方式逐渐式微,但深入社会现实仍是新闻工作的应有之义。

除了"扫街",寻找选题还有不少其他路径。

首先,可以通过专业条线获取选题。条线原指民警的固定巡逻区域,英文为"beat",挪用到新闻工作中,指记者的固定报道领域。新闻媒体内部通常依据报道领域将记者分派到不同的部门,记者会专注于某个领域的报道,例如专事篮球报道的记者在体育部，报道国际事务的记者在国际部。如此安排，使得记者可以在某个领域内深入挖掘，并与专业人士互动。通过长期的积累，记者或能成为领域内的"半个专家"，便利了选题的挖掘和获取，保证了报道的专业性和准确性。

其次，许多选题来源于爆料、匿名投稿或者当事人的求助。世界新闻史上最著名的爆料事件之一是"水门事件"。1972 年，时任美国总统理查德·尼克松（Richard Nixon）谋求连任，为获取对手情报，他的竞选团队成员入侵了水门大厦并安装了窃听设备。随后，一位名为"深喉"（Deep Throat）的内部人士向美国《华盛顿邮报》（*The Washington Post*）提供了重要线索，让整个事件天下皆知。相关报道获得了普利策新闻奖，而尼克松本人因丑闻下台。需要注意的是，通过匿名、求助等方式获得的选题来源，务必要谨慎使用，需反复确证其真实性。

最后，记者可以通过社交媒体平台或网络论坛等获取选题。微博热搜、知乎热榜、社交媒体平台趋势话题等榜单都能反映公众关注的焦点。同时，社交媒体平台给普通公众提供了发声的机会。突发事件发生时，公众或会率先在社交媒体平台发布消息，记者可循迹追踪选题。当灾难性事件发生时，记者很难第一时间赶到现场，而事件亲历者在社交媒体平台发布的信息就成为媒体重要的选题来源。2011 年 3 月 11 日，日本发生 9.0 级地震，地震引发的一系列海啸袭击了日本福岛地区的核电站。海啸淹没了核电站周围的海堤，导致核电站失去了电力供应，冷却系统停止运行。事故发生后，当地居民频繁更新社交媒体信息，发布了大量的现场图片和视频。媒体在与发布者确证真实性后，直接使用了亲历者发布的视频作为选题来源。需要注意的是，在使用社交媒体平台上的信息时，一定要注意甄别信息真伪。

第二节　采访前的准备：等风来不如去追风

确定新闻选题后，就需要着手准备采访。原《南方人物周刊》高级记者、非虚构写作大奖获得者李宗陶将自己比作"手艺人"和"纺织女工"，认为采访准备非常重要，只有准备得细致入微，报道才有不断纵深的空间。

一、案头准备

对事件的资料整理，即案头准备，是采访的基础。需要准备的资料包括前期对事件或人物的新闻报道、政府/机构公开资料（如公司财报），以及当事人的人物传记、个人主页、社交动态等。全面的资料可以使记者更好地了解事件全貌。新闻是一扇窗，要尽可能从不同的窗口看看是否会发现不同的风景。资料整理也有利于厘清事件中的人物关系，为联络采访对象做准备。资料整理还可以帮助我们走进当事人的内心世界。在拜会导演李安之前，李宗陶先与李安的弟弟李岗、《卧虎藏龙》作曲者谭盾等李安亲友进行了事前沟通，获得了对李安的大致印象[1]。见到李安后，李宗陶便感受到李安"一种头绪繁多的底色慢慢地浮现"。此外，资料整理也是帮助我们寻找报道角度、避免重复的过程。

整理资料之后，接下来要寻找采访对象。确定采访对象时，需要兼听则明，即要多接触不同立场的采访对象。这在新闻报道

---

[1] 李宗陶：《画在人心的苦闷上：李宗陶艺术访谈录》，鹭江出版社2016年版。

中被称为"信源平衡"。这一原则是为了尽可能客观中立地报道事件。例如,记者采访某一事件的支持方,也需要对反对方进行采访;采纳专家、政府和官方的意见,也要听听普通公众的看法。

二、发出采访邀请

采访对象可能会要求提供采访函,以了解采访主题和需求。出于尊重,我们可以主动发送邀请函,说明采访主题。采访邀请函的撰写大有学问,简洁明了、言辞恳切的采访函可以获取采访对象的信任。首先,记者应开宗明义,说明采访主题、时间、地点、内容等。记者应换位思考,站在采访对象的立场,想象对方的疑虑,完整地提供采访需求信息,可以减轻采访对象的疑虑。其次,采访函中应包含简略的采访提纲。采访提纲体现了记者的前期准备,可让采访对象有所准备,也使采访对象感受到记者的诚意。最后,采访提纲要尽可能引发采访对象的兴趣,这是比较高阶的要求。

三、撰写采访提纲

一般在采访前,记者会事先准备问题提纲。列出提纲可让采访更有条理,也更为聚焦。采访提纲可依据时间逻辑或事件逻辑展开。时间逻辑遵循的是时间顺序,按照"曾经—现在—将来"的结构来罗列问题,也可以从当下切入,继而回忆过去,展望未来。事件逻辑是遵照事件发展的"起因—经过—结果"来组织。一份好的采访提纲能使记者在采访中更加从容、有的放矢。但是,在具体情境中,记者也不能过于依赖和拘泥于采访提纲,展开自然的对谈是采访的最佳状态。

有时候,满载的诚意和精心的准备并不足够,采访对象仍会将记者拒之门外。在现实生活中,拒绝接受采访很正常,毕竟接受采访不是他人的义务。记者需要开诚布公地争取采访机会，不要轻易放弃，也不可死缠烂打。首先，需适度争取采访机会。了解采访对象拒绝访谈的原因，尝试沟通并解除其疑惑。其次，给予采访对象更多选择，比如更改访谈时间、访谈方式等。

第三节　采访进行时：调动所有感官

采访的艺术本质上是谈话的艺术。尽管准备工作很重要，但必须要保留灵活性，并且根据受访者和具体情境作出调整。在《访谈的艺术》一书中，作者提到访谈的"要点就是充分的准备和根据具体情况随机应变"，因此，"没有任何两次访谈是一样的，因为没有哪两个受访者是一样的"①。

一、采访礼仪

在采访过程中，记者要保持开放和灵活的心态，也要遵循一些基本规则。

首先，守时和穿着得体是最基本的礼仪。着装无须华丽，但要符合访谈的情景。例如，在正式场合与人见面，职业套装或正装或许是较好的选择。与求助者、弱势群体或受害人等见面，打扮得过于精致、隆重就显得不合时宜，甚至不礼貌。除此之外，肢体语言也是礼仪的应有之义。采访孩童时，需蹲下与孩童平视，以表达平等交流之义；面对名人巨贾，也无须欠身谄媚。在使用录音笔、摄像头之前要征得采访对象的同意，这既是出于礼

---

① ［美］查尔斯·J. 斯图尔特、威廉·B. 凯什、［中］龙耘：《访谈的艺术》（第10版），复旦大学出版社2007年版，第394页。

貌,也避免日后发生纠纷。

其次,尽量选择采访对象熟悉的环境展开访谈。例如,采访外卖骑手时,可以选择和外卖员一起就餐,在对方推荐的餐厅边吃边聊。若是采访医生,则可以选择医院。在熟悉的环境中,采访对象会更放松,也更容易敞开心扉。

开始访谈后,可先用破冰聊天打开局面,让双方进入对谈状态。1980年8月21日,邓小平在人民大会堂会见了意大利记者奥莉娅娜·法拉奇(Oriana Fallaci)。访谈开始后,法拉奇寒暄道:"明天是您的生日,我要祝贺您,祝您生日快乐!"一句话拉近了两人间的距离,使得访谈的氛围更轻松,还显示出法拉奇提前做好了准备工作,更容易获得采访对象的信任。

破冰聊天可以"拉家常",例如问对方:"听说您最近在做××××,现在忙好了吗?""听说×××是您的家乡,最近有回去过吗?"通过聊家长里短,既可以"暖场",也可以作为访谈前奏,获得关于采访对象的额外信息。

二、开启五官去采访

采访不仅是说话的艺术,也是开启全部感官系统去体会的过程。记者的角色不仅是谈话者,也是倾听者和观察者。记者需要调动感官去观察。在报道歌手庞麦郎时,记者写道:"他快速虚指了一下,然后用力按了屏幕几下,想关掉页面,但失败了——他误认为这是可触摸屏。然后突然火了,摔了电脑,机身边缘被磕出一个小坑。'这就是你采访大明星的态度?你是查户口的吗?'"[1]记者观察得很细致,这些动作细节在塑造庞麦郎

---

[1] 鲸书:《惊惶庞麦郎》(2015年1月14日),https://mp.weixin.qq.com/s/BHc2HeNYJorXaPDFikWsBQ,最后浏览日期:2024年10月24日。

的形象时起到了重要作用。采访时,要特别注意观察和记录采访对象的表情、动作和穿着等,这些细节可以使报道更充实。

三、持续追问

采访时,还需不断调整节奏,让受访者保持专注、兴奋的状态。最好的采访过程好似一场势均力敌的拔河比赛,访谈双方均集中注意力于中心点,比赛酣畅淋漓,双方都感到充实与快乐。当然,理想状态不常有,有时会遇到采访对象谨言、慎言的情况,或是答非所问。此时,要积极追问。以下是一位记者的追问过程。

> 记者:您最喜欢哪部作品?
> 采访对象:乔治·奥威尔的《1984》。

若是访谈在这里戛然而止,获得的信息量不足以成稿,会落入"食之无味,弃之可惜"的境地。其实,从阅读喜好出发,可以衍生出许多不同维度的问题。例如对有关作品的感悟:

> 记者:您对《1984》中哪个情节或人物最有感触?为什么?

也可以问作品对生活的影响:

> 记者:您对《1984》中哪些情节产生过感悟?

还可以问文学品位:

记者：您对反乌托邦题材情有独钟吗？

通过追问，采访内容的广度和深度得以增加。有时候，采访对象的记忆会因为时间久远或者问题宽泛而出现短暂"空白"，这时要善用场景设置。例如，采访在异国他乡的学子，直接询问是否遇到过伤心事可能过于宽泛。如果将问题具体化为"你有没有哭过，为什么哭"，就有助于受访者回想起更多的细节。

要注意，不要死板地套用这些技巧。很多时候，采访对象的真情实感和习惯是在自然相处的过程中缓慢流淌出来的。记者需要进入采访对象的生活情景，获得其更真实的状态。

采访结束后，记者需要将访谈录音或者访谈记录整理成文稿，以便后续核对，并作为采写时的参考。同时，复盘采访是必不可少的环节。在此过程中，记者需要特别关注采访对象的情绪转折点、高涨点和低落点，以及访谈对象回答前后不一致或者与其他采访对象的矛盾点，因为其中往往包含了对选题至关重要的信息。紧接着，针对关键点、存疑点和信息缺失的部分，记者可以再次联系采访对象进行补充采访。采访并不是一蹴而就的，需要不断完善。一些新闻媒体会要求记者保留采访录音三个月以上，作为一种存证。

第四节　认识新闻文体：新闻的"十八般"面貌

下面列出了四篇文章的标题，你能判断哪条是新闻报道吗？

(1)《刚刚,沙特王储被废了》①;

(2)《大学生丢身份证后信息疑被冒用成公司董事长,正在申请撤销》②;

(3)《系统》;

(4)《这种冰棒你敢吃？100％纯污水制冰所》③。

答案是:每篇文章都是新闻报道。

一、消息、通讯与深度报道

新闻的面孔是多样的。第一篇文章讲述了沙特王储被废一事,看似只有短短一句话,但涵盖了时间、地点、人物、事件四个重要元素。一般而言,新闻需要包含"5W+1H"要素,即时间(when)、地点(where)、人物(who)、事件(what)、起因(why)和过程(how)。这种简明扼要的新闻体裁被称为消息。由于消息的目的是快速传达信息,因此,往往用较小的体量和完整的"5W+1H"要素提高传递信息的效率。

> 沙特国王萨勒曼21日宣布,废除王储穆罕默德·本·纳伊夫,另立穆罕默德·本·萨勒曼为新任王储。

第二篇文章是一篇通讯稿。通讯是在消息的基础上,更为

---

① 《刚刚,沙特王储被废了》(2017年6月12日),https://mp.weixin.qq.com/s/75-QKDcu-0GWOKOP7iAkOg,最后浏览日期:2024年10月11日。

② 蔡丽、王健:《大学生丢身份证后信息疑被冒用成公司董事长,正在申请撤销》(2021年3月20日),https://m.thepaper.cn/newsDetail_forward_11788382,最后浏览日期:2024年10月11日。

③ 陈文姿:《这种冰棒你敢吃？100％纯污水制冰所》(2017年5月20日),https://e-info.org.tw/node/205033,最后浏览日期:2024年10月11日。

具体、生动、形象地讲述新闻事件或记述人物。相较于消息,通讯会涉及更多背景材料。通讯《大学生丢身份证后信息疑被冒用成公司董事长,正在申请撤销》讲的是复旦大学王同学遗失了身份证,其身份信息被盗,用于注册公司。报道的第一段和消息稿件很类似,提供了时间、地点、人物和主要事件等信息。与简短的消息相比,通讯还为读者提供了背景信息,例如这家盗用身份信息进行注册的公司到底是什么来头。同时,这篇通讯还提供了相关政策和法律信息。

> 在身份证丢失三年多后,复旦大学的王同学意外发现,他竟成了深圳一家公司的法定代表人兼董事长。3月15日,王同学的手机收到一条支付宝推送的企业贷款广告,显示他是深圳市格创嘉科技有限公司(简称深圳格创嘉公司)法定代表人,但他本人并未注册过这一公司。

第三篇文章是一篇深度报道。深度报道能够系统地反映重大新闻事件和社会问题,深入挖掘和阐明事件的因果关系以揭示其实质和意义,并追踪和探索其发展趋向。在剖析事实的同时,深度报道又联系宏观的背景。例如,《系统》表面上在批判游戏《征途》,同时,"系统"这个隐喻又能巧妙联系社会上有关控制和反控制的所有事件。深度报道涉及的是具体事件,反映的却是社会和时代的印记。

深度报道有很多子类型,如调查报道、人物报道等,这些报道类型的侧重点略有不同,但都意在深描、深挖社会现象。为使深刻的议题更具可读性,报道的写作风格可能偏文学化。我们可通过《举重冠军之死》[①]的报道来体会:

---

① 李海鹏:《举重冠军之死》,《南方周末》2003年6月19日,第25版。

（1）据才力母亲商玉馥回忆，她在儿子去世那天清晨梦见才力让她蒸两个肉馅包子。

（2）这天是5月31日，早上4点，布谷鸟刚叫起来，商玉馥梦见儿子喊她："妈呀，妈呀，你给我蒸俩肉馅包子吧，给那俩人吃。"在梦中，老太太最初以为儿子又像往常一样饿了，可是一阵突如其来的心慌让她猛然害怕起来。果然，儿子马上又重复了那句让人难以理解的话，"给那俩人吃！"商玉馥惊醒了，透过没有窗帘的窗子看了看微明的天色，心里堵得难受，叫起了老伴才福仲。这天清早老两口心情压抑，在租住的郊区房附近的野地里，紧抿着嘴，一言不发地走，一走就是好几个小时。等他们回到家，吃了稀饭，就接到了儿子的电话。

这两段文字都在描述举重冠军才力去世当天他的母亲做的梦，但写法完全不同。相较于第一段文字，第二段文字饱含情感，好似电影剧本，将才力母亲做梦的内容、周围的环境、心情等细节娓娓道来。这里采取文学新闻的写法，即采用文学写作的方法撰写新闻，现在新闻界将其命名为"非虚构写作"。"非"意味着故事本身必须是真实发生的，不是记者虚构出来的。这也是新闻文本与文学文本之间的根本区别。

二、融合新闻

随着互联网的发展，新闻体裁也在发生变革，依赖于数字技术的新闻报道样式层出不穷，比如虚拟现实/增强现实新闻、数据新闻、智能新闻、交互新闻等。目前，我们尚无法给出所有新兴报道样式的严格定义，报道样式还在不断推陈出新，可笼统地将新兴报道样式暂时纳入融合报道这一范畴。

融合报道指基于数字技术和互联网平台，融合多种传播形式、技术方法、报道体裁和叙事方式的新闻报道。2019年建军节之际,《人民日报》推出了融合新闻作品《穿上军装》。作品提供不同时代的军装样式供读者选择,读者上传自己的照片,随后可融合生成自己穿军装的图片,图片生成效果逼真。作品以H5网页的形式推出,旋即成为网络爆款,公众纷纷制作转发,浏览次数超过10亿。生成个性化图片的过程中使用了人脸融合技术,能够将读者上传的照片与特定形象进行脸部层面融合,生成的图片效果既有读者的五官特点,也呈现出对应形象的外貌特征。此过程得到了人工智能技术的支持。

融合新闻报道改变了记者与读者的关系,也改变了新闻内容生产的诸多规则。我们期待更多新兴报道样式的涌现。

第五节　报道的构成：骨肉相连

新闻报道通常由四部分构成:标题、摘要、导语、正文。

一、标题：提纲挈领

标题要求一目了然,用干练的话语概括报道的核心内容。例如李宗陶撰写的报道《欲望年代:中国制造的干露露们》,网红干露露是这篇报道的书写对象,而"欲望年代"和"中国制造"点出了网红制造产业链的幕后故事。标题还可以突出人物性格和思想理念,可使用直接引语,例如《北京青年报》的一篇报道就引用了肇事司机姐姐的话"小白,听姐姐的话回来自首吧"作为标题。

除了简明扼要,标题还应具有吸引力,突出事件中反常的和新颖的部分,常能获得读者的关注。例如普利策新闻奖获奖作品《奥斯威辛没有什么新闻》,这个充满悬疑的否定句勾起了读者的兴趣。

通读全文后会发现,死亡在奥斯维辛集中营每天上演,对犹太人已经不算是新闻。这个反问式的标题也契合了报道的反战主题。

起标题无须故弄玄虚,不要为了吸引读者而有意制作具有"标题党"性质的标题,如此往往得不偿失,会失去读者的信任。

二、摘要:提示要点

摘要一般位于标题后、导语前。并非每篇稿件都有摘要。摘要的作用是提示要点、吸引读者、深化主题,因而往往会用文章中最精辟的或者最有趣的、具有概述性的文字作为摘要。例如,《庞麦郎的这六年》报道的摘要部分引自歌手庞麦郎经纪人的一句话:"说了就剧透了。"

编者按是较为常见的一种摘要形式,是由编辑部撰写的概述性文字,一般放在报道的开头,向读者交代稿件的来龙去脉,或强调稿件的意义等。《光明日报》2021年2月1日的"文史哲"周刊版用整版讲述了语言与民族的关系(见图2-1),编辑撰写了如下编者按:

> 语言是人们沟通和交流的重要工具,是文化传承的载体,也是体现民族特性的重要元素。许多语言史家曾提到过西塞罗关于民族的界定,那就是族群与语言的共同体,语言在构建民族认同中的重要性不言而喻。有了语言的代代相传,才有民族的生生不息。推广使用一种共同的语言,并遵循基本的语言规范,对提高国民素质、传承历史文化、促进经济社会发展、维护国家统一和民族团结至关重要。本期刊发的文章,分别介绍了英语、法语、德语的发展演化及其在构建各自国家认同感中发挥的作用,以飨读者。

这段按语提示读者语言的重要性,并概述整版内容。

14 光明日报 理论

文史哲 周刊 WEEKLY

16至19世纪法语作为民族语言地位的变化

英语与近代不列颠国家的身份认同

德语：现代德意志国家的基石

世界史

图 2-1　《光明日报》“文史哲”周刊版面①

① 《光明日报》2021 年 2 月 1 日，第 14 版。

三、导语：交代"谁""做了什么"

导语位于报道的开头，是一段简要的文字，概述全篇主要内容。导语通常包含"5W1H"信息，是对标题的适度补充和展开。如果将报道的正文比作人体躯干，那么标题和导语就好比眼睛和头部，是报道较为重要的部分。

导语不可过长，一般不超过 300 字。如果无法在简短篇幅内容纳"5W1H"信息，可以将部分信息挪至后续段落。通常而言，导语应至少交代"谁""做了什么"。根据报道体裁的不同，导语可分为两种：直接式导语和引入式导语。前者是开门见山告知事件主要内容，后者则可以通过引语、对话、记叙、描述、场景描写等将读者逐渐带入核心事件。直接式导语常用在消息中，引入式导语适合通讯、特稿等类型。

以下是同一事件的两篇报道，分别采用直接式导语和引入式导语。两种导语类型没有优劣之分，需依据报道主题进行选择。

（1）2016 年 4 月 25 日，京剧大师梅葆玖因病逝世，享年 82 岁。

（2）他是一代京剧大师之子，也是一位京剧大师；

他是会说英语，爱吃牛排的京剧表演艺术家；

他是 49 个徒弟的恩师，他是 20 只猫的主人……

贴在梅葆玖身上的标签很多，但如今所有这一切都消散了。

3 月 31 日中午，著名京剧大师梅葆玖先生在吃午饭时突发支气管痉挛，导致大脑缺氧，紧急送医后持续昏迷。

知事独家获悉，在昏迷长达 26 天之后，今天上午 11 时 4 分，梅葆玖在满园芳菲中，终于与他的梅派艺术依依惜别，与舍不得他的戏迷们告别了。①

第一条导语言简意赅，是典型的直接式导语，交代了时间、人物、事件。第二条导语从人物逸事入手，直到第六段才交代人物和事件，但引入部分饶有趣味，可以吸引读者持续阅读。

导语也可以出其不意，例如下面这条：

> 他的最后一餐价值三万美元，这一餐将他置于死地。

报道讲的是一位毒品走私者将塞满可卡因的袋子吞进肚子里，后因袋子渗漏而毙命。在导语中，记者用"最后一餐"作为隐喻，简短的一句话设置了足够的悬念。

四、正文：提供信息增量

正文是文章的主体，需要提供更为详尽的信息，比如增加背景信息、展开解释、补充标题和导语中未完成的内容。当正文内容较长时，可以增加小标题进行叙述。

正文要提供更多细节，让文章具体可感。可以多用场景还原的写作手法，提升稿件的真实感、场景感，将读者带入故事情境。场景还原即还原到故事场景中写作，多描写情景和现场，减少引述的使用。下面一段即为场景还原：

> 这幽暗的小巷的深处，有一个拐角，几栋四层高的楼房围成一口天井，张明明的家在这儿。抬起头，天空依旧是一

---

① 《梅葆玖徒弟49人，男旦1人》(2016年4月25日)，https://news.sina.cn/j_uc.d.html?docid=fxrpvcy4435683&recoid=10393929691747972818%3Ffrom=qudao，最后浏览日期：2024年2月3日。

条狭长的线,被错综复杂的电线切割得支离破碎。一米多宽的小巷两边房门紧闭,垂吊的女人内衣透着湿气,牛仔裤则似乎长年挂在一边,一动也不动。还有一个个小口子,连接更小的巷子,有时候,一个安静的小孩跟着一个女人拐进去,或者,一个谢顶的中年矮男人藏在巷里,睁大眼睛瞪着过往行人。声音从远处隐约传来,光亮在 100 米外的巷口。

那天下午,父亲张柱良就从这个巷口逃了出来。[1]

如果不使用场景还原,则必须通过引述的方式表达:

张明明住在一个昏暗幽深的小巷内,他的爸爸告诉记者,当天他从这个小巷口逃了出来。

如此表述相对生硬,缺少场景感和代入感。通过还原场景,读者比较容易进入新闻事件现场,场景好似历历在目。

写作时要像著名作家海明威一样多用名词和动词,少用形容词和程度副词。因为形容词往往是主观感受,读者无法感同身受,通常也不够准确。例如,描述一位采访对象"很高",读者无法体会,不同人对"很高"有不同标准。多用动词可以有效调动读者的图像思维,从而使文章更加生动可感,描写具体的动作也会更加直观和准确。

五、倒金字塔结构

不同的部分完成后,需要结构这根线将素材串联起来。

新闻报道最基本的作用是提供信息,因而会把最重要的信

---

[1] 张珊珊、尼克、蒋志高:《少年杀母事件》(2015 年 7 月 23 日),https://www.163.com/news/article/AV7JV0OM000153N3.html,最后浏览日期:2024 年 10 月 13 日。

息放在报道的开头,后面辅以背景材料和补充说明等,有助于读者理解事件的信息。这种"前重后轻"的结构叫作倒金字塔结构,如图2-2所示,随着文章的铺陈,信息的重要性逐渐降低。

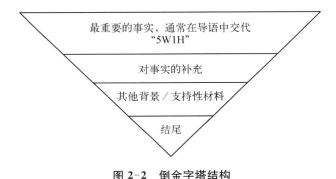

图2-2 倒金字塔结构

倒金字塔结构的好处在于开门见山、直击要点,比较适合消息写作。下面是一则倒金字塔结构的消息报道。

复旦大学:3月1日起社会公众可直接刷居民身份证或随申码进入校园

复旦大学发布最新通知,从3月1日起,社会公众可直接刷居民身份证或随申码进校,或凭护照、港澳台通行证等有效证件登记进校,进校时间为每日6:00至22:00。

国家法定节假日、寒暑假,或举办重大活动时,将根据实际对每日进校人数进行适当的总量控制。

此前,复旦大学要求非本校人员需登录登记基本信息,方可从指定校门刷身份证或随申码后进校。[①]

---

① 《复旦大学:3月1日起可直接刷居民身份证或随申码进入校园》(2024年2月29日),https://www.kankanews.com/detail/kDwmvoezk2l,最后浏览日期:2024年3月15日。

在这条消息中,信息按重要性次序铺陈。标题点明了主体、时间和事件。导语对标题内容做了适当补充,明确了公众可以进入校园的时限。正文部分进一步展开,提供了更多细致要求,最后一段补充了背景信息。

第六节　报道赏析:食而知其味

本节邀请读者与我们一起精读《南方周末》的报道《举重冠军之死》。

这篇报道发表在举重冠军才力因呼吸衰竭而离世之后。报道使用了双故事线的结构,明线为才力去世,暗线是才力一生所依仗的举国体育体制。选题具有较强的批判色彩。作者用才力去世前的一天串联起他的一生,再通过细节见微知著,勾连起个体生命与社会环境。

首先,这篇报道具有高超的写作技巧,较多使用场景串联手法。在这篇宛如电影般的特稿中,作者运用了具有镜头感的文字。这种写作手法被称作"蒙太奇",原是一种电影镜头剪辑和转场手法,被广泛运用于文字写作中。蒙太奇写作手法的运用使读者得以在才力父母家与才力家的生活场景之间切换。

其次,细节的选择和意向的运用让明线与暗线自然地交织成流畅的故事线。报道的开头从才力母亲商玉馥的梦境切入,短短两句对梦境的描述就提到了两个意象——"布谷鸟"和"肉馅包子"。布谷鸟也被称作杜鹃,在古人的诗句中有"杜鹃啼血"一说,这是一种叫声哀切、寄托哀思的鸟类。当报道提到布谷鸟的时候,读者能隐隐感受到这是个不祥之兆。报道最后写道:

"从被布谷鸟惊醒的梦中脱身出来之后 19 个小时,商玉馥看到梦境的征兆变成了现实。"一梦成谶,前后呼应。"肉馅包子"这个意向则暗示着才力的贫穷。才力一家早餐吃的全是素菜,但一向节俭的才力却在商玉馥的梦中喊着要吃肉包子,这个梦境反常性暗示悲剧的发生。在梦境中,才力喊道:"给那俩人吃!"这也给我们留下了悬念——这句话是不是才力的遗言,让父母把肉留给他的孩子和妻子?细节的铺陈先在结构上串联全文,同时让读者感受到命运之悲凉。

这篇报道中有很多数字细节。例如,才力妻子刘成菊的馒头是 1 元钱 3 个;早餐是岳父买的便宜菜,一共花了 4 元 7 角;才力揣着母亲给的 20 元和父亲给的 100 元;有关借钱数目、医院治疗费、住院费的大量金额数字等。直观的金额暗示着才力家境的贫穷。还有很多数字也在暗示才力家境的贫穷:才力"穿着蓝色无袖 T 恤,白色棉短裤,趿拉着一双 37 码的廉价白胶鞋"。生活常识告诉我们 37 码大多是一个女生的鞋码,而才力作为著名的男运动员却趿拉着这样一双不合脚的廉价白胶鞋,使读者不由得怀疑这双鞋是不是才力母亲或妻子穿过而舍不得扔的,甚至可能是在路上捡的。作者并未直言贫穷,细节起到了"无声胜有声"的作用。

形容词往往是主观的。作者通篇避免使用形容词描写人物形象,但从细节的旁敲侧击中,读者能感受到人物的性格。例如,在才力岳父刘敬玺向二楼邻居邵永凤借钱的场景中,通过金钱数额的细节可以看出邻居其实也很拮据,身上总共只有 500 元,但她依然愿意把儿子买鞋剩下的 350 元借给刘敬玺。之后,刘敬玺再向卖馒头的马玉芹借钱。文中写道:"马玉芹跟老头儿并不熟。"她自己身上也只有 200 元整钞,其余都是零钱。从这里可以看出马玉芹赚钱并不容易,是靠微薄的零钱一点点攒起来的。尽管如此,她也能为陌生人慷慨解囊。从这些描述中,我们能感受到在命运荒唐的安排中,才力邻居坚持的纯良。

第七节　打捞悲剧中的"个"

《系统》《举重冠军之死》《永不抵达的列车》等之所以作为经典报道而流传,在于其以小见大,透过个体命运反映时代特征。

许多新闻报道都可谓以小人物书写时代命运。小人物意指普通人,他们的生活中留下了时代车轮的印记,书写他们的生活也是在记录时代。作家王开岭在《打捞悲剧中的"个"》一文中写道:

> 悲剧最真实的承重是远离话语场之喧嚣的,每桩噩耗都以它结实的羽翼覆盖住了一组家庭、一群亲人——他们才是悲剧的真正归属者,对之而言,这个在世界眼里微不足道的变故,却似晴天霹雳,死亡集合中那小小的"个",于之却是血脉牵连、不可替代的唯一性实体,意味着绝对和全部。
>
> ……
>
> 数字仅仅描述体积,它往往巨大,但被抽空了内涵和细节,它粗糙、笼统、简陋、轻率,缺乏细腻成分,不支持痛感,唤不起我们最深沉的人道感情和理性。
>
> ……
>
> 说到底,这是对生命的一种粗糙化、淡漠化的打量,我们把悲剧中的生命推得远远的,踢出了自己的生活视野和情感领地。久之,对悲剧太多的轻描淡写和迎来送往,便会麻木人的心灵,情感会变得客啬、迟钝,太多的狭私和不仁

便繁殖起来了,生命间的良好印象与同胞精神也会悄悄恶化。

……

叙述灾难和悲剧,也必须降落到实体和细节上,才有丰满的血肉,才有惊心动魄的痛感和震撼,它方不失为一个真正的悲剧,悲剧的人性和价值才不致白白流失。①

新闻报道也如是。个体是事件中"最真实的生命单位"。但一味沉溺在他人的故事中,也往往会让记者失去对生活的热爱。培养对个体命运的敏锐感和自我排解的钝感,是对新闻事业保持热情的良方。

要点回顾

1. 找新闻选题的方法。
2. 采访前的准备。
3. 采访的技巧。
4. 新闻报道的文体。
5. 新闻报道的结构。

思考题

有批评者提出,灾难事件中报道个体故事是在消费逝者,你怎么看?

练习题

1. 新闻采访实践练习:请你扮演记者,采访你的同学,采访

---

① 王开岭:《精神明亮的人:王开岭散文随笔自选集》,书海出版社 2009 年版,第 141、144—145 页。

主题为"最喜欢的一门课"。

2. 观看刘翔在他的退役仪式上的发言视频,完成 500 字的消息稿件。

延伸阅读

1. 赵涵漠:《永不抵达的列车》,《中国青年报》2011 年 7 月 27 日,第 12 版。

2. 张志安、刘虹岑:《记录小人物就是记录时代本身——〈中国青年报·冰点周刊〉记者赵涵漠访谈》,《新闻界》2013 年第 2 期。

3. 李海鹏:《举重冠军之死》,《南方周末》2003 年 6 月 19 日,第 25 版。

第三讲 新闻编辑：新闻生产的幕后英雄

知识导图

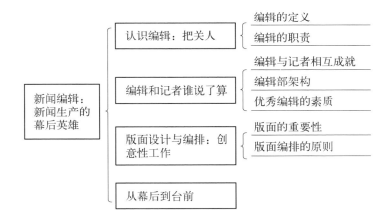

谈及新闻职业，公众最先想到的可能是出镜记者、新闻主播和主持人，他们站在台前，直接面对观众与读者；而在幕后，新闻编辑的工作贯穿了新闻生产的全过程，从最初选题确定、选题策划到文章把关和刊登、播出，都有编辑的身影。本讲我们将介绍中国传播环境下新闻媒体的编辑流程、规律和技巧。

开篇思考：什么是新闻编辑？

我们常常在网上看到"小编"这个词语：《人民日报》的官方微博会写"一起跟随小编来看看"，很多微信公众号常会写"小编也感到非常惊讶"……"小编"好像已经代替这些报道、文章中原本的"我""记者""笔者"等词汇。"小编"到底是谁呢？

在传统新闻生产流程中，"小编"对应的是新闻编辑，是媒体内部的一个专门岗位，也是一个有专业门槛的职业。编辑具有什么样的特征呢？

【提问】编辑在新闻生产中承担着什么样的职责？

【提问】你能列举出多少有名的记者？又能列举出多少有名的编辑？

【提问】编辑和记者，谁听谁的话呢？

第一节 认识编辑：把关人

一部佳作、一纸好文、一篇扣人心弦的报道因何而广受赞誉？是作者的斐然文采，还是情节本身的扣人心弦？每个人心中都有不同的答案。然而，很少人会提到在幕后运筹帷幄的关键角色——编辑。

编辑隐于幕后，却与公众的信息生活息息相关。我们对编辑的原初印象从何而来？打开一款修图软件，"编辑"按钮助我们调用功能、完善细节。编辑也是存在于《编舟记》中的那一群文字上的斫轮老手，心细如发，眼光犀利。他们可成为作者的伯乐、文界的圭臬，臧否时事。作为内容生产流程中的一环，编辑把控内容，是内容走向公众的一道关卡。

"编辑"一词最早见于南北朝。《辞源》释义："搜集资料,整理成书。"这听来更像是图书编辑的工作,毕竟当时并没有能够每天生产、印刷、发行报纸的新闻业。在狭义上,编辑为动词,具体指代"选择、修改、润饰稿件"的过程。在广义上,编辑既指代内容生产中的一环,也指代内容生产中的具体角色。

在具体生产过程中,编辑行为贯穿内容生产流程的始终。编辑承担着总策划、总串联、总合成、总把关的职责,具体如下:

(1) 统筹决策,对受众、内容和媒体风格进行定位;

(2) 再次创作,既不改变原稿风格与作者原意,又提高质量,并体现编辑部意图;

(3) 修改完善,完善内容和呈现方式,修改评论、标题、版面等细节;

(4) 最后把关,在"文字、事实、政治"等层面对内容进行校对和把关。

把关工作是编辑的重要职责,最重要的是在思想政治、路线政策、法律法规上把关,也包括在文字技术上把关。把关务必做到精准,一个字、一个词、一个标点符号都不能错。编辑每天要面对纷繁复杂的稿件,有的稿件存在错别字,语句不通,逻辑混乱,需要编辑修改错别字、改正语句,使语言更通顺、逻辑更流畅;有的稿件事实模糊不清,缺少新闻要素,需要编辑与作者充分沟通后修改确定;有的稿件需要配合其他图片或视频,需要编辑花费更多功夫来协调。尤其需要注意的是,要对稿件进行严格的政治把关。

第二节 编辑和记者谁说了算

公众可能知晓不少名记者的名字,如李海鹏等,但很少人能列举出名编辑的名字。其实,好的作品离不开好记者与好编辑的相互协作,两者是相互成就的。

一、编辑与记者相互成就

名编辑往往脱胎于记者生涯的磨炼。2007 年年底,《南方周末》刊发报道《系统》,这篇稿件揭露了《征途》等游戏背后恃强凌弱的金钱逻辑。2009 年,该报道斩获骑士国际新闻奖,颁奖词为:"母词系统的深度发掘,不仅是对现实的有力映射,更是对新闻易碎品属性的一次挣脱。"公众赞叹记者曹筠武思想的深度和行文的妙思,但编辑李海鹏将易碎的新闻铸成社会的灯塔,他的作用也至关重要。

身为记者的李海鹏见证并参与构建了《南方周末》的黄金年代。《举重冠军之死》《车陷紫禁城》《灾后北川残酷一面》等特稿作品书写了一部厚重的中国社会史。在《系统》的记者手记中,曹筠武提及李海鹏提点自己"极权资本主义的脉络贯穿始终,让信息扣题,让整个报道的力度更大",这是《系统》最为振聋发聩之处。最终,也是李海鹏为稿件起名为《系统》。

二、编辑部架构

编辑和记者谁说了算,并没有定论。

事实上,新闻机构内部大多是以编辑中心制来运作的,编辑通常有丰富的一线采访写作经验。但也不乏围绕记者进行新闻内容生产的组织。记者中心制是将记者作为新闻生产的核心人物,围绕名记者搭建起生产团队。典型案例如上海东方卫视新闻节目《小宣在现场》,这档节目是围绕宣克炅打造的。这位上海市民熟悉的社会新闻记者,又被戏称为"上海柯南",他常常冲在上海本地社会新闻的第一线,个人风格鲜明独特。记者中心制并不常见,几乎都是以明星式的记者为中心。通常情况下,编辑中心制往往占据主导地位。

编辑中心制(见图3-1)指编辑处于指挥、决策的位置,坐镇编辑部,通过多渠道的信息随时对外界发生的各种变动作出分析与判断,结合媒体的要求向记者布置采写任务,最后帮助记者完成稿件的写作和修改。

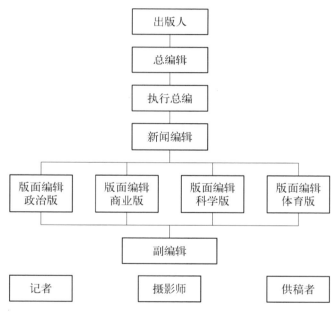

图 3-1　一种采用编辑中心制的媒体架构

在这种垂直型的架构中,版面编辑(或条线编辑)对不同专业板块的内容负责,而级别更高的总编辑不仅要对内容负责,还需要通过编辑工作确立一家媒体的风格,确定编辑和报道原则。

除了按照管辖范围和职责大小进行划分,也可以根据不同的专业分工将编辑分为文字编辑、图片编辑、视频编辑,或者根据工作时间分为日班编辑、夜班编辑。这些不同层级、不同专业、不同流程的编辑们(见图 3-2)与记者、摄影师协力合作,才最终生产出我们看到的新闻。

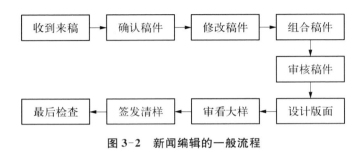

图 3-2　新闻编辑的一般流程

三、优秀编辑的素质

编辑中心制和记者中心制并不意味着编辑和记者在新闻生产流程中具有对立性,或存在尊卑之别。作为新闻生产活动的两大主体,编辑与记者之间是平等合作、"1+1>2"的关系。若无李海鹏的一针见血,或是缺少了曹筠武的细腻缜密,《系统》都不可能成为经典之作。两个岗位目标一致,但工作职责各有侧重。新闻编辑作为新闻生产环节的把关者,更需心怀家国,以人为本,用慧眼评判稿件的采写质量、客观与否、伦理规范和意识形态。一般而言,优秀的新闻编辑需要具备以下素质:

(1) 高度的党性,坚持正确的政治方向,具有大局意识和全局观念;

(2) 广阔的知识,涉猎人文、社会、经济、科技各个领域;

(3) 负责的态度,作风严谨,一丝不苟,工作中保持如履薄冰的细致;

(4) 专业的技能，慧眼识珠，妙手生花，深谙编辑技巧；
(5) 良好的心态，耐得住坐镇稿件"幕后"的寂寞。

新媒体时代的编辑工作有了更广泛的内涵，一些媒体开发出新的编辑工作领域，如社交媒体编辑、增长编辑等。社交媒体编辑以社交媒体为主要工作领域，掌握社交媒体话题动态，在社交媒体上寻找信息来源，与公众互动。增长编辑负责与公众密切沟通互动，意图扩大媒体在新媒体时代的触达范围和影响力。同时，算法查重、算法推荐、个性化定制等以人工智能为技术驱动的编辑方式也被广泛地使用。

第三节　版面设计与编排：创意性工作

对于纸质出版物而言，编辑的一项重要工作还包括排版，即把内容设计编排在纸质版面上。报纸、期刊和书籍等出版物都需要进行排版。图3-3列出了报纸版面的构成要件。排版的工作是将内容放在合适的版面位置上，并通过编排手段使版面既有功能又美观优雅。

根据内容的重要程度，一般按照从左到右、从上到下的顺序排列内容。可以通过加大、加粗标题字体的方式突出重点内容。在适当的地方增加图片有利于提升版面的活跃度。

排版是一项充满创意的工作。首先，版面是媒体发言的一种方法，排版体现了编辑意图。一篇报道或一组报道要引起读者的注意，除了内容因素，版面的位置、标题字号的大小和排列、文字是否通栏、占版面空间的大小、安排在头版还是其他版面，这些不同的编排方式也给予读者不同的阅读暗示，例如头版头条通常都是重要内容。其次，版面语言也能体现特定的情感。花

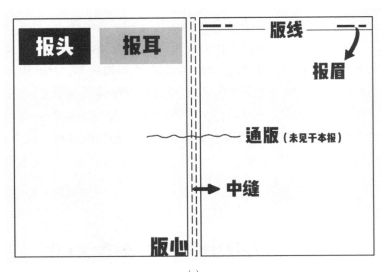

(a)

报头：报纸刊登报名的地方，一般在第一版的上端（左上角，右上角，上端正中）。

报耳：又称"报眼"，横排报纸报头旁边的版面。位置显著，一般刊登较重要而又短小的新闻，也可用来刊登当天本报的导读或广告。

版心：又称"版芯"，除四周应留的空白，中间容纳文字和图片的部分，它的面积小于版的面积，标志版的容量。

中缝：报纸同一面上两个相邻的版的中间部分。

版线：版面周围的边线。多数报纸版面上只有上端的边线，叫天线，又叫眉线。只有最后一版既有天线又有地线（下端的线）。

报眉：眉线上方所印的文字，包括报名、报次、出版日期、版面内容标志等。报眉的作用是便于读者检索。

通版：把报纸同一面上两个相邻的版取消中缝，打通编排而形成的版。可安排数量众多的同类稿件，采用较大的标题、图片和装饰，形成明显强势。一般围绕一个中心来组织。

(b)

图 3-3　报纸版面的一般布局

线、花边、底纹常与活泼的内容相互搭配,而黑色铺陈代表致哀、伤感。最后,版面也在表达媒体的个性。报刊采用的纸张大小、纸张颜色,排版的疏与密,都在呈现报刊性格。杂志的封面更是彰显编辑意图的沃土。图 3-4 是美国《时代》(*Time*)杂志的一期封面,封面上一座象征美国白宫的建筑物正从四个烟囱中源源不断地释放血红色的病毒。《时代》杂志用极具视觉冲击力的封面来表达对特朗普政府应对疫情不力的讽刺和批判。

图 3-4 美国《时代》周刊 2020 年 10 月 8 日封面

一般而言,排版需要遵循以下原则。

第一,平衡原则。版面编排要给读者视觉上和心理上的平衡感。版面的上与下、左与右之间的重量感要平衡。这种重量并非物理上的重量,而是读者心理感受上的重量。版面上内容的量、内容的疏密排布要尽量协调;内容的情绪也要尽量平衡,可包含不同类别、不同地域的新闻。

第二,礼仪原则。报纸版面正确反映社会礼仪,是一项十分重要的宣传原则。新闻报道能否体现中华民族的礼仪规范,关系到新闻的社会效果。

第三,规范原则。标题、稿件、图片的排布要遵循主题、人物的重要次序排列,避免轻重倒置的情况。

第四节 从幕后到台前

编辑是新闻生产的幕后英雄,隐藏在记者、主播们的聚光灯之后。有时候,幕后英雄也会主动站到台前,发表编辑手记、编辑部致读者信……他们为何要站出来?他们站出来要表达什么?

新媒体时代,各种社交平台、网络媒体便利了新闻从业者与公众的沟通,新闻业也希望以更加公开、透明的姿态回应公众关切,以塑造更知情的公众。英国报纸《卫报》在网站上设置了编辑博客,一些资深编辑可撰写博客,分享新闻生产背后的编辑过程和决策,例如为何选择将某条新闻放在头条、为何选择从这个角度深挖报道等。编辑部主动呈现新闻生产过程,通过公开、透明来获得公众更多的信任、理解。有的媒体选择公开采访录音,公布报道相关的原始数据、计算模型、程序源代码。公众不仅可以阅读报道中的结论,更可以自行参与分析。如此,原本封闭的新闻生产过程愈加公开、透明,透明的实践正成为新闻生产新的规范。

要点回顾

1. 新闻编辑的任务。
2. 编辑部架构与编辑流程。
3. 新闻编辑的素养。
4. 版面编排的原则。

思考题

1. 图 3-5 为 2020 年一期《新闻周刊》(*Newsweek*)的封面。请你分析编辑使用了什么编排方法,表达了何种意图?

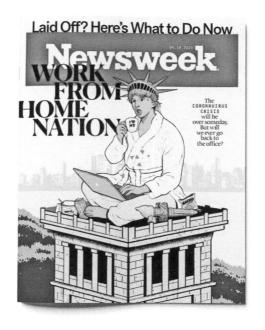

图 3-5　2020 年一期《新闻周刊》的封面

2. 假设你是澎湃新闻的编辑,以下事件在同一天发生,请你挑选出四条重要新闻,并按照重要性排序。

(1) 清明节假期上海大到暴雨;

(2) 上海最严控烟令　第一周罚款 20 万元;

(3) 突击抽查奶茶店　10 家品牌糖分全部超标;

(4) Nike 宣布退出中国市场　外交部回应;

(5) 共享单车新政策:三年强制报废;

(6) 中德学者齐聚上海　人工智能论坛开幕;

(7) 拜登上飞机连续跌倒三次;

(8) 上海小升初政策变化　明年不再自主招生;

(9) 苏伊士运河本周内有望恢复正常通行。

延伸阅读

[美] 盖伊·特立斯:《王国与权力:撼动世界的〈纽约时报〉》,张峰、唐霄峰译,上海人民出版社 2016 年版。

第四讲 新闻评论：公共言说的艺术

知识导图

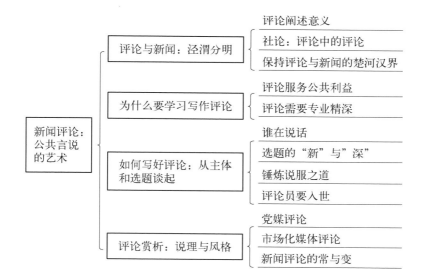

新闻报道事实，评论阐述意义。新闻评论是公共的言说，是媒体针砭时弊、捍卫公共利益的有力工具，也是设置议程的重要手段。我们可以从评论版了解一家媒体的立场，也可以从中窥见社会变迁。本讲将从《人民日报》《中国青年报》《南方周末》

《新京报》等媒体刊发的经典评论文章切入分析,介绍不同类型的评论的特色与写作要点,帮助读者了解并掌握新闻评论的操作过程,以及确定选题、打磨角度、判断价值、组织结构、调整风格等技巧,同时为高考议论文的撰写提供参考。

开篇思考:

【提问】新闻评论是一种新闻报道类型吗?

【提问】你在哪里看到过新闻评论?你喜欢哪些评论员?

第一节 评论与新闻:泾渭分明

一、评论阐述意义

我们常以"新闻"来指称媒体发表的全部内容,中央电视台的《新闻联播》是新闻节目,《人民日报》的社论似乎也被笼统地称作新闻。实际上,新闻报道与新闻评论泾渭分明。民国时期著名报人戈公振在《中国报学史》一书中写道:"报纸者,报告新闻,揭载评论,定期为公众而刊行者也。"[①]报纸上既有新闻也有评论,这两种不同类型的文本承担了不同的功能。

新闻报道应以事实为基础,不可随意妄加评论。新闻报道"监控"世界,为公众打开了解世界的窗口。评论则要求写作者在事实之上做进一步阐发,表达观念,也提供情感支撑、理念呼吁、意义建构。可以说,新闻报道事实,评论阐述意义。有的事件可能曲折复杂,并事关社会核心价值,新闻评论能提供进一步

---

① 戈公振:《中国报学史》,生活·读书·新知三联书店 1955 年版,第 6 页。

的解释,引导公众从特定视角理解事件。

评论并不都是严肃的、硬核的解读评析,还有很多专栏文章、文学批评文章等可以纳入评论的范畴。

二、社论:评论中的评论

依照刊发评论的媒体的属性,可将评论分为党媒评论(例如《人民日报》的评论文章)、市场化媒体评论(例如《新京报》、澎湃新闻、《财新周刊》的评论文章)和新媒体评论(例如评论员曹林在个人公众号上发表的评论文章)。还可以按照评论的署名方式,将评论分为社论、评论员文章和署名评论。社论和评论员文章代表媒体的意见,是编辑部就重大问题出场发声。社论更被视作分量最重的一种评论类型,是评论中的评论、观点中的观点,直接代表一家媒体的官方立场。社论的分量之重自然意味着其写作之难,难在它更需要站位高远:要准确阐述中央精神,深入思考发展大局;要全面把握现实问题,有效传达方针政策。这就需要写作者具有扎实的理论功底、敏锐的政治嗅觉、丰富的实践经验和娴熟的文字驾驭能力。

值得发表社论的议题必然是公共生活中最重要的现实话题。《人民日报》保持每年元旦刊发社论的传统,一年一篇的重磅文章站在国家的高度和时代的瞭望塔上追往思远,在昨天和明天的连接点上发声。

社论大多是媒体编辑部成员以不署名方式写作、发表的,评论员文章也有类似的形式。署名评论有的来自媒体评论员,有的来自评论家、专家或名人。这些由编辑部以外的人士撰写的评论也被称为"来论"。有时编辑部会注明来论并不代表编辑部观点。

三、保持评论与新闻的楚河汉界

评论与新闻报道遵循两套不同的操作规范。新闻报道需要尽可能客观公正，剥离作者个人情感；评论文章则可以有明确的立场，可以抒发情感，可以写“我认为”“我建议”等。在新闻机构内部，新闻报道和评论隶属两个部门，两者地位相当，没有从属关系。

呈现在版面上，评论与新闻的泾渭分明也是必要的。打开一份报刊或是新闻网站，专业的媒体一定会在版面上标明新闻报道和评论。例如，专设“评论版”“社论页”；或是对评论文章和新闻报道采取不同的署名方式，显示哪篇是评论员写的，哪篇是记者写的；还有媒体在排版上设置精细巧思，用不同呈现方式区分不同性质的文体。如图 4-1 所示，《纽约时报》用不同字体和排版方式区分评论与报道：左侧文章为新闻报道，标题全部为大写字母，文字两端对齐；右侧文章为评论，标有“新闻分析”（News Analysis）字样，标题只有首字母大写，标题字体设为斜体，文字左对齐。

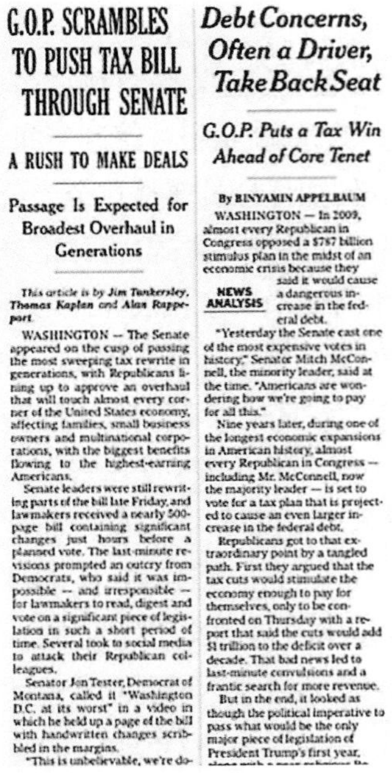

G.O.P. SCRAMBLES TO PUSH TAX BILL THROUGH SENATE

A RUSH TO MAKE DEALS

Passage Is Expected for Broadest Overhaul in Generations

This article is by Jim Tankersley, Thomas Kaplan and Alan Rappeport

WASHINGTON — The Senate appeared on the cusp of passing the most sweeping tax rewrite in generations, with Republicans lining up to approve an overhaul that will touch almost every corner of the United States economy, affecting families, small business owners and multinational corporations, with the biggest benefits flowing to the highest-earning Americans.

Senate leaders were still rewriting parts of the bill late Friday, and lawmakers received a nearly 500-page bill containing significant changes just hours before a planned vote. The last-minute revisions prompted an outcry from Democrats, who said it was impossible — and irresponsible — for lawmakers to read, digest and vote on a significant piece of legislation in such a short period of time. Several took to social media to attack their Republican colleagues.

Senator Jon Tester, Democrat of Montana, called it "Washington D.C. at its worst" in a video in which he held up a page of the bill with handwritten changes scribbled in the margins.

"This is unbelievable, we're do-

Debt Concerns, Often a Driver, Take Back Seat

G.O.P. Puts a Tax Win Ahead of Core Tenet

By BINYAMIN APPELBAUM

NEWS ANALYSIS

WASHINGTON — In 2009, almost every Republican in Congress opposed a $787 billion stimulus plan in the midst of an economic crisis because they said it would cause a dangerous increase in the federal debt.

"Yesterday the Senate cast one of the most expensive votes in history," Senator Mitch McConnell, the minority leader, said at the time. "Americans are wondering how we're going to pay for all this."

Nine years later, during one of the longest economic expansions in American history, almost every Republican in Congress — including Mr. McConnell, now the majority leader — is set to vote for a tax plan that is projected to cause an even larger increase in the federal debt.

Republicans got to that extraordinary point by a tangled path. First they argued that the tax cuts would stimulate the economy enough to pay for themselves, only to be confronted on Thursday with a report that said the cuts would add $1 trillion to the deficit over a decade. That bad news led to last-minute convulsions and a frantic search for more revenue.

But in the end, it looked as though the political imperative to pass what would be the only major piece of legislation of President Trump's first year,

图 4-1　《纽约时报》头版

新媒体时代，人人都有麦克风，越来越多自媒体涉足内容生产，内容、风格、质量五花八门。我们在网上阅读资讯时，经常会读到夹杂评论的信息，从生产规范、文章文体到版面呈现，区分评论和新闻都变得越来越困难。不同文体间的界限日益模糊，这就需要我们提高自身的媒介素养，审慎区分事实和观念，保持敏锐的判断才不致迷失在鱼龙混杂的信息汪洋中。

第二节　为什么要学习写作评论

中国近代著名记者、出版家邹韬奋曾说，他办刊物的经验是亲自抓"一头一尾"，其中的"头"即是言论。创办《生活日报》时，邹韬奋说，报纸应有广博的言论，"每天除了正确精辟的一篇社论外，还要有两篇以上很精彩的有关各种专门问题的论文。这类文字要注意短小精悍、通俗，切合于当前大家所注意所要解决的各种实际问题，不要有公式化的言论文章"[①]。在邹韬奋主编的刊物上，每一期都有他写的言论，包括社论、笔论、短评、小言论等，内容丰富，都涉及当时公众关切的问题。

英国著名报人 C. P. 斯科特（C. P. Scott）曾表示，"评论是自由的，但事实是神圣的"。这句话成为广为流传的新闻界名言。新闻报道围绕的是神圣的事实，事实往往不易获得，需要不断深挖，不断接近事实。评论是自由的，意即每个人都有自己的观点，但优质的评论同样不易获得。优质的新闻让事实水落石出，揭示事件真相；优质的评论则如石破天惊，与新闻一样启迪、引领公共讨论。

中国新闻史上最振聋发聩的一篇评论莫过于 1978 年 5 月 11 日《光明日报》刊登的《实践是检验真理的唯一标准》的特约评论员文章。彼时，十年动乱刚结束，"两个凡是"的方针对党和国家的工作造成阻碍，一场思想领域的解放迫在眉睫。这篇评论重申检验真理的标准只能是社会实践，理论与实践的统一是马克思主义的一个最基本的原则，任何理论都要不断接受实践的检验。评论刊登后，引发了全国范围内的关于真理标准的大讨论，

---

① 夏衍:《懒寻旧梦录》，生活·读书·新知三联书店 1985 年版，第 460 页。

为党的十一届三中全会的召开准备了思想条件。从这篇在历史上打下重要烙印的评论中,我们可以看到评论的独特力量。

一、评论服务公共利益

新闻评论是公共的言说,首要责任在于为公共利益服务,而非出于私利的意见营销。评论可以直接鲜明地表达意见、立场,是强有力的舆论监督工具。评论应更直接地对社会腐败、落后、陈旧、保守的东西提出批评与鞭策,捍卫公共利益,正所谓"针砭时弊"。

2017年7月3日,人民网发表评论《人民网一评〈王者荣耀〉:是娱乐大众还是"陷害"人生》,论述不设限的游戏给青少年带来的伤害。文章提出:"多数游戏是无罪的,依托市场营利也无可厚非,但不设限并产生了极端后果,就不能听之任之。这种负面影响如果以各种方式施加于未成年的孩子身上,就该尽早遏制。以《王者荣耀》为例,对孩子的不良影响无外乎两个方面:一是游戏内容架空和虚构历史,扭曲价值观和历史观;二是过度沉溺让孩子在精神与身体上被过度消耗。因此,既要在一定程度上满足用户的游戏需求,又要对孩子进行积极引导,研发并推出一款游戏只是起点,各个主体尽责有为则没有终点。"①接下来,文章分别从平台和政府的角度提出给游戏"立规矩"的建议。对既得利益者的直接批评正是出于对公共利益的维护。

二、评论需要专业精深

评论并非个人观点和情感的肆意宣泄,要求写作者有深厚的理论积淀和宽广的视野,如此才能写就专业的评论,启迪读者

---

① 《人民网一评〈王者荣耀〉:是娱乐大众还是"陷害"人生》(2017年7月3日),http://opinion.people.com.cn/n1/2017/0703/c1003-29379751.html,最后浏览日期:2024年3月5日。

的精神世界。

自 2003 年起,华东师范大学政治学教授刘擎每年撰写一篇《西方思想年度述评》,首发在《上海书评》杂志。每篇万字长文会盘点过去一年西方思想界的热点话题。刘擎教授称,他写《西方思想年度述评》前要先从大量的文献中进行筛选,一般至少阅读两三百篇文章才动笔。17 篇《西方思想年度述评》结集成一本书《2000 年以来的西方》,由当代世界出版社出版。

新闻评论的专业性要求包含两个面向:一是要有专业水准,富含思想性、启发性和前瞻性;二是能够把艰深复杂的专业知识表达成读者能够理解的"大白话"。换言之,只有自己先将专业知识"吃透"、掰开揉碎、苦心钻研评论说理之道,才能最终呈现为读者想读、能读、读有所获的评论文章。

社交媒体的兴起给评论写作带来了挑战和机遇。人人都有麦克风,似乎人人都可以抒发意见。在这样的环境里,观点的表达确实更自由了,同时也意味着在信息过载的环境里,观点更难以胜出。

挑战之中,也有机遇出现。互联网引爆的话语革命为评论创造了新的表达方式,以往一贯严肃的官方媒体开始以平易近人、亲切互动的方式与网友直接对话,与评论区的"神回复"互动。媒体开始更新话语体系,增加了一种更生动活泼的评论语态。媒体与网民的互动形成了一种新的评论对话,增强了媒体与公众的联结。

第三节　如何写好评论:从主体和选题谈起

什么是好的评论?一则社论写作奖的评定标准是:清晰的

风格、道德目标、牢靠的逻辑推理、将公众观念引向作者认为正确的方向的能力。

要达到这些标准需要两个着力点：主体和选题。

一、谁在说话

评论的主体，即谁在说话。评论必须符合主体的定位，先明确是代表媒体写社论，还是代表自己写署名评论。若是社论，要明确媒体自身定位，是《人民日报》、新华社等官方媒体，还是《新京报》、澎湃新闻这样的市场化媒体。不同媒体有各自的文章体例和风格：有的硬核严肃，有的温柔关切，有的大气磅礴，有的短小犀利。确认了评论的主体，便可进一步确定评论的文体、风格。无论何种风格，都需谨记，评论要服务公共利益。

二、选题的"新"与"深"

评论的选题，要追求"新"与"深"。

"新"意味着选题具有新闻性，有新闻价值。评论需要关注最新的新闻事件，也可以旧调重弹，但要讲出新意。在寻找评论选题时，首先可以关注新闻事件，其次可以翻阅日历。很多重要的纪念日也许无新闻可写，却可以写评论，可以探讨陈年旧事在当下时代的新意义。无论是哪一种"新"，都要紧扣时代脉搏，力图回应当下时代最迫切的议题。

"深"意味着评论不能只是对事实的陈述，要有思想性。评论不是新闻报道，也不是纯理论层面的论述，而是借助新闻事件来阐释和表达深度思考。评论需要在思想层面超越普通公众的认知，引领公众深入思考。深入的同时还要浅出，要使用公众能够理解和接受的文字表达观点。

三、锤炼说服之道

明确了评论的主体与选题,文章的体例、风格、基调大致也定了下来,接下来要围绕核心观点展开说理。观点可以是犀利的批评、唱反调的冷思考、专业的新阐释。如今,公众获取信息的渠道日益丰富,观点日益多元。评论文章更需要提供有理有据的论断,以获得公众的认可。说服之道无法一蹴而就,来自宽厚的仁心、深厚的素养积淀和通畅的逻辑说理。

2012年,一位日本青年医生河源启一郎骑车来到武汉,打算骑行环游世界以救助贫困病患,谁知自行车丢失了。河源启一郎的朋友将此事发到微博上求助,很快得到5万网友的响应,有人甚至将之提升到捍卫城市尊严的高度。河源启一郎发现"整个城市都在为我寻找自行车",自行车最终失而复得。这个事件引发了很多关注,大量网友将自行车丢失事件放大到事关武汉国际形象的问题。最终的皆大欢喜成就了警方迅速反应、民族有向心力的美谈。

评论员李泓冰针对该热点事件撰写了一篇题为《一辆自行车,能否捍卫城市尊严》的评论文章,刊发在《人民日报》上。文章针对这起美谈提出反思:"要从根本上捍卫城市的尊严,仅靠一辆自行车的失窃到复得,还远远不够。"①并非所有普通市民和游客都能享受这样的待遇。在中国,自行车使用者大多是最普通的劳动者,他们缺少话语权,维权能力不强,管理部门并未投入足够的资源有效应对自行车盗窃。评论提出,一个城市的体面"在于它如何对待最弱势、最无助的普通劳动者"。

---

① 李泓冰:《人民日报:一辆自行车,能否捍卫城市尊严》(2012年2月22日),https://www.chinanews.com.cn/sh/2012/02-22/3688847.shtml,最后浏览日期:2024年10月11日。

这篇评论紧跟热点，逻辑清晰，循循善诱地与网络舆论"唱反调"，体现出深刻的反思性。从一辆自行车的失窃出发，从治安讲到如何保护普通人的权益。这篇评论切口小、角度巧，实践了评论对公共利益的关切和捍卫。

四、评论员要入世

若想成为一位优秀的评论员，就要保持对新闻事件的敏锐、对公共利益的关切，还要积极入世，感受时代的呼吸脉搏，保持强烈的在场感。评论员的入世不是全然埋首于经验现实，而是在关怀现实的同时，有高远的眼界和见识。要达到站得高、望得远，就需要培养政治素养，有把握政治、大势的见识和判断力，大是大非的方向和原则绝不能糊涂；在微观中，要有处理具体问题、应对具体政治场景的能力。同时，要建立自己的专业根据地，提升自身知识水准，将专业所长与公共言说相结合。还要执守常识，新闻从业者的技艺来自社会，是经验取向的，在很多常识不在场的年代，需要评论者重新打捞那些沉落的常识，启蒙公共社会。最后，要持之以恒地锤炼语言表达，锻炼说服之道，也要保持思维敏锐。评论是思维的体现，培养思维能力就是要培养穿越表象、抵达问题内核的能力，培养勾连素材形成逻辑链条的能力，培养拒绝从众、在深思中发现蹊径的能力。

第四节　评论赏析：说理与风格

在本节中，我们一起赏析几篇优秀的评论，看看不同的说理风格。

一、党媒评论

如前所述,社论是报纸的心脏和灵魂。《人民日报》的评论提供的往往是针对重大事件的权威解读,具有宏观导向的作用。《人民日报》的社论更是社论中的典范,这不仅与党媒在中国舆论场中的特殊地位有关,还体现在《人民日报》社论的写作艺术上。社论《中华民族的百年盛事——热烈庆祝香港回归祖国》即可管中窥豹。

【赏析】
中华民族的百年盛事——热烈庆祝香港回归祖国

一九九七年七月一日零点,全世界都在谛听从东方响起的庄严钟声。它响彻寰宇,向五洲四海郑重宣告:中华人民共和国政府恢复对香港行使主权的时刻到来了! 中华民族洗雪百年耻辱、扬眉吐气的时刻到来了!

以中英两国政府完成交接仪式,香港特别行政区宣布成立为标志,圆了中华民族期盼了一个多世纪的香港回归梦,实现了几代人的夙愿。这一天,举世瞩目,永载史册。

香港回归,百年盛事,普天同庆,举国欢腾。在九百六十万平方公里国土上,热血沸腾的中国人民,以千歌万曲、千言万语表达着自己欢乐、自豪、振奋的感情。

在欢庆香港回归的时候,我们决不能忘记,为了这一天,中国人民走过的不平凡的道路:

——为了这一天,无数中华民族的英雄儿女御外侮、争主权,前赴后继,同殖民统治进行不屈不挠的斗争,充分显示了维护民族尊严和国家主权不可动摇的信念,表现出崇高的爱国主义情怀。但是,由于当时的祖国积弱积贫,由于当时的政府腐败无能,斗争是壮烈的,结局是悲哀的。一代又一代仁人志士壮志难酬。

——为了这一天,新中国成立后,我国政府多次庄严申明,香港自古以来是中国领土不可分割的一部分,不承认英帝国主义强加给中国的三个不平等条约;对于这一历史遗留问题,将在条件成熟的时候通过和平谈判解决;未解决之前维持现状。新中国第一代领导人毛泽东、周恩来等,十分关心香港的前途,关怀香港同胞。在新中国成立前后,毛泽东同志先后提出了"暂不收回香港""长期打算、充分利用"和"一九九七年平稳交接"等一系列解决香港问题的战略决策,为保持和促进香港的繁荣稳定,为香港回归祖国奠定了坚实的基础。党的十一届三中全会以后,我国进入改革开放和社会主义现代化建设新的历史时期,社会生产力蓬勃发展,综合国力显著增强,国际地位日益提高。中国作为一个最具发展活力的国家,巍然屹立在世界的东方,为香港的顺利回归创造了决定性条件。

——为了这一天,中国政府以统一祖国的大局为重,以保持香港繁荣稳定的大局为重,按照"一国两制"的构想,为解决香港、澳门、台湾问题,最终实现祖国的完全统一,提供了一条现实可行的途径。实践表明,"一国两制"、"港人治港"、高度自治的基本方针,符合香港的利益,符合全民族的根本利益,得到了广大香港同胞和全国各族人民的拥护,也得到了国际社会的赞同。这是一个高瞻远瞩的伟大创造,是人类文明进步史上的一个创举。

在欢庆香港回归的时候,我们深切怀念敬爱的邓小平同志。他作为一个伟大的革命者、爱国者和中国改革开放的总设计师,毕生以祖国的解放、振兴、统一为己任。他作为第二代中央领导集体的核心,以罕见的政治勇气、恢宏气度、高超智慧,创造性地提出了"一国两制"的伟大构想,为香港顺利回归祖国起到了巨大作用。"一国两制"构想将作为他对中华民族的伟大贡献而功垂青史、光照中华。

在欢庆香港回归的时候,我们更加深刻地体会到,没有中国共产党的领导,没有祖国的日益强盛,没有改革开放的伟大成就,没有新中国三代领导人的不懈努力,特别是没有邓小平建设有中国特色社会主义理论的指引,就不可能有今天的香港回归。这就是一百多年历史写下的庄重结论。

香港回归,是落实"一国两制"方针的第一步。更重要的,是确保香港长期繁荣和稳定。《中华人民共和国香港特别行政区基本法》是根据"一国两制"的构想而制定的一部全国性法律,是今后香港特别行政区一切运作的法制基础,更是香港长期繁荣稳定的根本保证。香港回归祖国以后,《基本法》即开始实施,从中央到地方,广大干部和群众都要认真学习、严格遵守《基本法》。香港特区政府和广大港人也会认真贯彻、执行《基本法》,以主人翁的责任感,肩负起"港人治港"的重任,把香港管理好、建设好。

现在,在党的基本理论和基本路线指引下,在以江泽民同志为核心的党中央的坚强领导下,我们国家政治稳定,经济发展,民族团结,社会进步。世界将看到,中国的明天会更好,具有五千年文明史的中华民族在新世纪的征途上,将向着现代化的宏伟目标昂首阔步前进,中国的完全统一、中华民族的全面振兴,将成为辉煌灿烂的现实。

(《人民日报》1997年7月1日)

《人民日报》社论代表党中央发声,是党和政府政治传播的重要载体。对于香港回归这一历史性事件,如何解读,如何定调,对评论员是一项巨大的考验。这篇1 700字的社论,可谓字字千钧。评论作者、《人民日报》前副总编、评论部主任米博华回忆称:"因事件极为重要,故起草和修改花了很大工夫。社论约一千七百字,比原先起草的几稿都短得多。考虑到这是百年一遇的重要历史事件,要回顾百年历程,要总结丰富历史经验,要表达复杂感情,要传达明确政策信息,写五千字不为多,写一万字也未必长。之所以定稿时只有一千七百字,不仅是出于写短文的考虑,更重要的是,在文章结构上颇费思量。经过几次讨论,大家一致认为,尽管要说的话很多,但最重要的就是三个部分。一是叙述新闻事件,表达欣喜感情;二是回顾艰辛历程,概述历史经验;三是宣示政策和展望未来。为此,设计了十一个自然段。第一部分,四个自然段:起势,总领全篇—宣布香港回归大业完成—举国欢腾—过渡段。第二部分,五个自然段:分别用三个'为了这一天'领题,对应香港回归的三个历史阶段,即近一百年来—新中国成立以来—改革开放以来,特别是中英谈判以来,远略近详。与此密切相关的:毛、邓等老一辈革命家的历史性贡献—共产党领导社会主义制度的决定性作用。第三部分,两个自然段:'一国两制'构想的正确性和坚持《基本法》的坚定性—香港回归与民族振兴的必然联系。其实,原稿也都有这些内容;但比较麻烦的是,史实、经验、政策和情感等要素交织在一起,比较乱。结构设计上的突破,是用了三个'这一天',把香港回归百年全部装进去。因为,这既符合历史分期,也更清楚标注出中华民族由衰而兴的发展曲线。原先这一部分用了很长文字,既涉及清政府的软弱腐败,又涉及近代中国无数国内纷争和战争,还涉及我们与港英政府的矛盾和斗争,线索杂乱,头绪纷繁,写多了,反而冲淡主题。因此,对显而易见的史实不再追述,对复杂政治议题不再纠缠(比如中英关系)。从政治上考虑,香港回归已经成为事实,牵涉太多既不必也无益。"

从上述评论员的叙述中,我们得以一窥《人民日报》社论写作的幕后故事:雄健笔力的背后,是对党的方针政策的长期研究、对论述问题的深入思考在支撑。

下面这篇发表在《中国青年报》的《冰点时评》栏目的评论员文章《国旗为谁而降》也是经典名篇。

【赏析】

国旗为谁而降

郭光东

东北的灾民早已在雪前住进了温暖的地窨子;九江大堤决口封堵处也于近日开始拆除重筑。洪灾过后,诸多善后事宜有条不紊地进行,但现在回想起来,有件事被忽略了:按照《国旗法》第十四条的规定,为九八特大洪灾的死难者下半旗志哀。

1990年颁布的《中华人民共和国国旗法》第十四条第二款规定:"发生特别重大伤亡的不幸事件或者严重自然灾害造成重大伤亡时,可以下半旗志哀。"今年我国发生洪水的河湖之多,时间之长,水位之高,损失之大,为历史罕见,更为《国旗法》颁布以来所仅有,当属"严重自然灾害";洪灾中,人员死亡达3 656人,当属"造成重大伤亡"。尽管《国旗法》对严重自然灾害造成重大伤亡时下半旗规定的只是"可以",不是"应当""必须"。但如果一次灾害死亡3 656人还不能适用这一法条的话,不知这一规定几时才能派上一回用场。

事实上,国旗不仅是国家主权和民族尊严的象征,也是民族精神和民族凝聚力的体现。而下半旗正是一种由中央政府以全体国民的名义举行的哀悼仪式。它不但能给予死难者的亲人以莫大的精神慰藉,再次体现抗洪斗争中全民族的强大凝聚力,而且更有助于增强每个公民的国家观念和爱国情感,使人真切地感受到自己是祖国大家庭的一员,从而激发为国奋斗的热情。

遗憾的是,我国还从未有过为一般民众下半旗的先例。古代的礼制,其实质是正名分,巩固等级制度。《礼记·曲礼》曰:"礼不下庶人",一直是西周以来的一条重要原则。及至现代民主政体确立,"礼"理所应当下及"庶人",因此我国现行《国旗法》规定,除了国家重要领导人逝世应下半旗外,对国家作出杰出贡献的人、对世界和平或者人类进步事业作出杰出贡献的人逝世,以及因不幸事件、严重自然灾害造成重大伤亡时,也应或也可下半旗志哀。这项立法反映了社会进步,无疑使我国的降半旗制度走上了民主化、规范化的轨道。

但从目前实践和人们的观念看,下半旗的对象还仅限于逝世的国家重要领导人,其他几类对象尚未予以充分重视。比如,在洪灾刚过的 9 月 21 日,我国依法为不幸因病逝世的杨尚昆同志下半旗志哀;而 3 656 名普通民众在洪灾中死难则几乎与此同时。

值得一提的是,就在我国洪灾前的 1998 年 6 月 3 日,德国一列高速列车出轨,酿成德国近 50 年中最惨重的铁路交通事故,100 人死亡。事故次日,德全国降半旗志哀。

两相对照,没能为 36 倍于德铁路事故死亡人数的我国洪灾死难者降半旗,我宁愿看成是有关部门的一时疏忽。倘若今后再有我们不愿其发生的重大伤亡,请切记关注《国旗法》的相关法条，以下半旗的仪式寄托全国人民的哀思，体现国家对普通公民生命的珍重。

（《中国青年报·冰点时评》1998年12月2日）

这篇评论是为在1998年洪灾中丧生的3 656名普通民众撰写的。这篇文章用约1 000字、7个自然段的体量完成了情理兼备的论述。

第一自然段，作者快速引入，一句话介绍灾后情况，一句话引入观点：应该为死难者下半旗志哀。第二自然段，晓之以理，援引《国旗法》之规定，介绍灾情之惨烈，两相比照，提出在道理上降半旗的必要性。第三自然段，动之以情，论述国旗在精神层面的意义，指出降半旗能给死难者家属带来的慰藉、给全民族带来的情感力量。

亮明观点，基本的情、理都已经铺开，接下来的三段，作者层层深入说理过程。第四自然段，古今对比，引入时间轴的纵深，从西周的礼制到现代民主政体的确立，下半旗的背后是社会的进步。第五自然段，观察具体实践，发现下半旗的对象较为局限，再次为遇难的普通民众发声。第六自然段，比照西方，在地理坐标上横向对比同一年德国发生惨烈事故后的应对。

到结尾的第七自然段，此时已经水到渠成：应依据法规为遇难的普通民众降半旗，寄托哀思，也体现国家对普通公民生命的珍重。在这里，作者并没有太过强硬地批评，而说相信"一时疏忽"。全文情理兼备，在历史纵深和横向比照上张弛有度，短小凝练地讲述了沉重灾难后的严肃问题，成为新闻评论的经典名篇。

二、市场化媒体评论

自20世纪90年代以来，市场化媒体勃兴，大大小小的都市报如雨后春笋般冒出来。随着新闻市场竞争的加剧,言论市场也进入"热言时代",涌现出一批时评佼佼者,如《新京报》《南方都市报》《南方周末》《东方早报》等。这些市场化媒体各具风格,拓展表达空间,促进与社会的互动,用思想影响社会。

【赏析】

你引领大学　大学引领社会

戴志勇

大学是适应社会,还是引领社会?你是适应大学,还是引领大学?

告别了高中生涯的准大学生,也许可以问一问这两个有些"狂妄"的问题。

如果志愿是自己喜欢的,恭喜你。经历12年基础教育,依然心有所主,你已经赢在了人生长程的另一条起跑线上。

知之者不如好之者,好之者不如乐之者。乐在其中,才会废寝忘食而不觉累,上下求索而有所得。大学,由此成为一片让你可以畅游的海洋。

大学之大,在有藏书颇丰的图书馆,在有可以自由提问的课堂,在有可以倾心跟随的老师前辈。但这一切,都有待你去"用"起来。甚至,你的老师,也很可能在等待着被你的问题所激发。图书馆某本落满灰尘的经典,也可能多年都在等待第一个翻开它的人。

如果你对自己所填的志愿一片茫然,仅仅是父母师长觉得那意味着一份好工作,不妨先去了解这所大学特点在哪里,这门专业究竟意味着什么。顺着初等教育的命运之河漂流了12年,往者不可谏,来者犹可追,当下奋起,完全可以从这里开始。苏格拉底"知道自己不知道",于是成了雅典最有智慧的人。整个希腊哲学以至西方哲学,以及脱胎其中的各门科学,都源自这种自知无知而不断求知的"对智慧的爱欲"。

所有学习,都可从最切身处开始。研究宇宙之浩瀚,可从照在你脸上的这缕阳光开始;深邃的道德律,可从你与父母的亲子关系开始;人类的历史,可从自家族谱开始;伟大的诗歌,可从你如何体验和表达内心至诚无伪的情感开始……

学习政治哲学,未必一定入学就读《理想国》《尚书》《利维坦》《明夷待访录》或《民主在美国》,参加大学的第一个社团,你去观察它如何招新,如何组织,如何运转,如何募款。如果观察清楚了,你也能依照自己的兴趣和设想,组织一个该大学从未有过的社团。在与学校打交道的过程中,你已经在践行一个公民的权利,已经在引领这所大学的风气。

如果足够幸运,你也许会慢慢发现,大学校园里有一些慢慢散步的中老年教师,看起来平淡无奇,却有着极其丰富的精神世界,一般不与外人道的独特人生经历。你打开他们的心扉,也就打开了一个崭新的世界。

大学之大,正在于它容纳着那些最敢于打破成规的"爱智者"。这些爱智者努力站在人类已有的思想与学术积累上,去将答案或问题,向前推进那么一点点。而这一点点,已足以散发出璀璨的光芒。

有了这一点点的推进,大学才能引领社会。而你,进入一所大学,除了去看看它的建筑,它的草木,它的审美,更重要的,就是去寻找大学校园里那些爱智者,努力使他们与自己的生命产生内在的互动。

从自知无知到四处求知，从一片茫然到从最切身处着手，善用图书馆，跟每一位值得尊敬的老师请教，你的大学生活，就步入了苟日新，日日新，又日新的良性循环，当下让自己成为所在大学的引领者。

（《南方周末·方舟评论》2016 年 6 月 30 日）

这篇评论不是从封闭的象牙塔中写就的，也不是从一本本抽象的、晦涩的高头讲章中写成的，它来自热气腾腾的中国社会，来自思想与社会的直接碰撞和深度交汇。

评论面向高考之后即将走进大学的准大学生发声。在高考这个每年惯常的时点上，《南方周末》将其提升到学生引领大学、大学引领社会的层次。虽然期望高，但行文亲切朴实、娓娓道来，从日常出发把道理讲得熨熨帖帖。

2014 年，浙江高考作文"门与路"是这样命题的："门与路永远相连，门是路的终点，也是路的起点，它可以挡住你的脚步，也可以让你走向世界。大学的门，一边连接已知，一边通向未知。学习、探索、创造是它的通行证。大学的路，从过去到未来，无数脚印在此交集，有的很浅，有的很深。综合上述材料，结合你的所思所感，写一篇不少于 800 字的作文。"《南方周末》的这篇评论，正可以给我们提供一种高考议论文的写作参考。

【赏析】

唯有真相不可辜负

今天，中国第 18 个记者节。

说荣光或自矜，说慰勉或太轻。在这个记者节，无法被回避的一个问题是——"那么多记者都去哪儿了"。

这个问题或者说现象，在今年给我们的印象尤其深刻。

以往遇到突发事件,记者们总会蜂拥赶到现场。但现在,事情正在起变化。在一些突发事件现场,很多记者有个明显的感受：以往那种媒体云集的景象,已经俱往矣。

记者缺席,则真相缺位。

新闻在,记者应该在；记者在,真相就会在,这本是正常的情形。可现实却是,一些传统媒体或者关门,或者业务线大幅压缩,很多记者流失、转行,事实和真相仍然等待挖掘,但——记者已经不够用了。

如今的舆论场景已是,在诸多公共事件中,情绪太多,事实太少；在不少舆情传播中,动辄出现讹传与反转；在时下的舆论空间里,有太多主观先行、立场站队下的对撕互怼。话语与话语碰撞,情绪与情绪纠缠,真正的真相又是什么,答案来得并不及时或澄明。

也因如此,记者以在场姿态和客观立场还原的真相,仍是最大的信息刚需。

——在武昌面馆砍人案中,顺着那些网传消息和脑补情形,人们提炼出火车站旁宰客景象、欺生坑外地人、水浒法则等场景,"事实"一波三折,舆情也在撕裂和被打脸中一地鸡毛；

——在杭州保姆纵火案中,公众一开始就被"男主人和女保姆有染"的造谣、受害者家属要求"一个孩子索赔一个亿"的不实消息带着跑；

——在榆林产妇坠楼事件中,稍微被当事医院释放烟幕弹,很多人就急匆匆将矛头对准产妇家属,"婆媳矛盾""丈夫直男癌""产妇下跪"等说法也谬种流传。

而最终去厘定事实、廓清真假的,还是那些诚挚而公允的文字或镜头。

越是喧嚣,越需要冷静;越是躁动,越需要理性。喧嚣与躁动,本质上都是在"短缺"中制造了"过剩"。过剩指的是情绪,而短缺则指向了事实的不足。看起来,我们面临的是信息的过载,但事实却前所未有的稀缺。

在不少记者转行的同时,世界手机网民正在以每天数百万的数字大幅增长。到今年6月,中国已经有了7.24亿手机网民,很多过去不读书、不看报的人也成了新时代的信息受众。

用户对信息和事实的需求在井喷,但我们看到的却是新闻行业内容生产与需求严重脱节,信息供给不充分不平衡。尽管新媒体层出不穷,但是机构化的媒体、组织化的内容生产平台仍然不可替代,而且存在巨大的成长空间。

无论技术如何进步,信息传播环境如何改变,真正的新闻永远有其价值,真正的新闻专业理念愈发重要,真正的记者也永远被社会所需要。

无论社会如何变化,TA们总有一份在奔跑中坚守的笃定,一份在混沌中不畏浮云的澄明,一份在躁动中自持的初心。

在一个伟大的时代,人们追求美好,向往阳光。身为记者,既需要记录这个时代的温暖与成长、进步与变革,也需要不忘责任使命,探寻真相,鞭挞丑恶,为弱者发声,守卫正义与公平。

新时代、新媒体、新传播环境,是挑战,也是巨大的机遇。我们既希望社会为媒体和记者创造一个更好的发展环境,也希望所有这个行业的同仁在创新中坚守,在改变中突破。

没有一场雾霾能够遮蔽冬阳,也没有一阵风能够永寄凛冽。

(《新京报》2017年11月8日)

这是《新京报》在 2017 年记者节当天刊发的社论，文字风格与上一篇《南方周末》的大为不同，更凸显出行文的优美，堪称社论美文。在新媒体的四面围剿之下，传统媒体遭遇严峻挑战，新闻专业理念和职业操作规范也面临危机。在记者节当天，刊发这篇社论回应了新闻业受到的冲击，强调对新闻专业理念的坚守、对记者职业的坚信。

三、新闻评论的常与变

除了纸质出版物上的评论文章，电视评论是另一个重要类别，例如中央电视台白岩松主持的电视评论节目《新闻1＋1》。

新媒体蓬勃发展，网络评论占据越来越多的声量。这些刊载于网络媒体上的评论有更灵活的表达方法、更多元的写作主体、更强的互动性，与传统媒体有着不同的操作规范和评论风格。

评论在千变万化中也有需要保持的恒常。评论的变，是要洞察世道与人心的变，要掌握能说服当下受众的新表达方式，要深谙传播格局变化的奥妙；评论的常，则是要坚持守望公共利益，要坚持锤炼说理的本领、提升说服之道，要执守常识而不受浮华干扰。

要点回顾

1. 新闻报道事实，评论阐述意义。
2. 学习写作评论的意义。
3. 如何写好评论。
4. 优秀评论赏析。

思考题

1. 社交媒体时代，新闻报道与新闻评论不再泾渭分明，这种模糊利大于弊还是弊大于利?

2. 选一个传统节日,试着从中发掘出一些当下时代的新价值来,写一篇能够发在节日当天的新闻评论。可以自选一家媒体,模仿它的风格写作。

延伸阅读

1.《实践是检验真理的唯一标准》,《光明日报》1978 年 5 月 11 日,头版。

2. 胡舒立:《反腐何惧怠政》,《财新周刊》2015 年 4 月 20 日,第 15 期。

3. 陈迪 Winston:《体能测试、"层层加码"与政府过程中的政绩锦标赛》(2020 年 9 月 29 日),https://weibo.com/ttarticle/p/show?id=2309404554868055736514。

第二部分

新技术如何改变媒介

第五讲 永远在线：生活在社交网络时代

知识导图

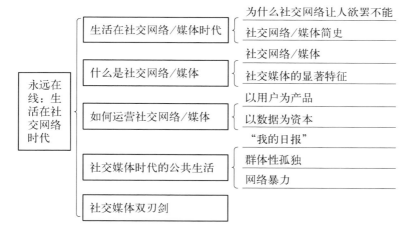

2004年，一位哈佛大学学生在失意中创办了一个仅供大学生群体使用的网站，用户可以发送内容、分享状态和交流互动。电影《社交网络》(The Social Network)记录了这个网站从"校园网络"走向"全球社交网络巨无霸"的过程。社交网络改变了人类的交往方式和连接方式，"永远在线"成为新的生活常态，随之而来的是社交沉迷、网络暴力等问题。人们获取信息的方式也发生了根本性改变——从机构媒体转向社交网络。社交网络

不直接生产新闻,但左右新闻的分发,社交关系日益影响人们的"信息食谱"。在这个意义上,社交网络常被称作社交媒体。新闻业不得不面对社交网络/媒体带来的生存变局。

在本讲中,我们将分析社交媒体的运营和商业策略,以了解社交媒体的特性,尤其是社交媒体公司的商业模式,由此进一步探索生活在社交媒体时代的问题。

开篇思考:

【提问】你日常使用什么社交网络/媒体?你会用社交网络/媒体做什么?

【提问】用户免费使用社交网络/媒体,这些平台如何盈利?

第一节 生活在社交网络/媒体时代

2011年3月11日,日本发生9.0级强烈地震,地震引发的海啸导致福岛第一核电站发生泄漏事故,事故评级达到最严重的7级。这个震惊世界的灾难引发全球关注,但媒体难以在第一时间赶到现场,社交网络便成为了解灾难情况的首要信息来源。震后一小时,超过9 000条地震相关视频和7 000条海啸相关视频上传至社交网络[①],普通人用智能手机拍摄的内容被全世界的媒体转引,人们才得以实时了解这场灾难的严重程度。

社交网络不只在危急时刻展示出其影响力,它已渗透进人

---

① ABC News, Japan earthquake and tsunami: Social media spreads news, raises relief funds(2011-3-11),https://abcnews.go.com/Technology/japan-earthquake-tsunami-drive-social-media-dialogue/story?id=13117677,accessed on April 16, 2024.

类的日常生活。截至 2024 年 1 月,全球社交网络用户达到 50.4 亿人,相当于全球总人口的 62.3%①,中国的社交网络用户数达到 10.3 亿人②。早在 2019 年,社交网络在中国的渗透率就已高达 97%,平均每天有超过 7.5 亿用户阅读朋友圈的发帖,人们每天在社交网络上花费的时间是 2.3 小时以上③。

一、为什么社交网络让人欲罢不能

社交网络带来了迅捷的信息传递,改变了人们的信息消费习惯,甚至生活习惯。社交网络意在促进社交、增加互动。而如今,亲友团聚围坐桌前,不再有其乐融融的喧闹场面,取而代之的是人手一部手机,大家静悄悄地各自刷着朋友圈,并对着屏幕微笑,"低头点赞"取代了"抬头相见"。社交网络让人们之间更紧密还是更孤独呢?

社交网络如何改变人类的社交方式是一个复杂的问题,但毋庸置疑的是,社交网络拉近了人类与手机之间的距离,手机已成为身体的一部分。清晨醒来,第一件事是刷朋友圈获得清醒;睡前,最后一件事是刷视频以入睡,当然结果往往适得其反。在智能手机尚未普及之前,人们出门前会检查是否带钥匙;如今,人人都要反复检查出门是否带了手机。等车、排队的间隙,人人都打开手机上的社交网络应用,不停向上刷屏。

为什么人们总是情不自禁地刷微信、刷抖音?

---

① Digital Around the World,https://datareportal.com/global-digital-overview, accessed on April 16, 2024.
② 卢泽华:《中国社交媒体用户已超 10 亿,年轻人使用习惯正在改变》(2024 年 1 月 22 日),https://www.chinanews.com.cn/gn/2024/01-22/10150304.shtml,最后浏览日期:2024 年 4 月 16 日。
③ 姜煜:《中国消费者平均每天在网络社交媒体上花费超 2.3 个小时》(2020 年 1 月 9 日),https://www.chinanews.com.cn/cj/2020/01-09/9055617.shtml,最后浏览日期:2024 年 4 月 16 日。

不同学科有不同视角的阐释。简单来说,社交网络迎合用户的心理需求,调动用户的情感参与,让用户欲罢不能。在发布信息后,用户并不知道谁会点赞、评论、转发,这种不确定性诱使用户不断地刷新,当获得阶段性的答案后,不确定性降低,精神获得了满足。信息获得点赞,增强了用户的自我认同感,大脑释放了多巴胺,给用户带来了愉悦。实际上,社交网络的设计就是为了培养用户的使用习惯,让用户上瘾。一位商业文章撰稿人撰写了一本产品设计指南书籍,书名即为《上瘾:让用户养成使用习惯的四大产品逻辑》。书中提出了一个"上瘾模型",揣摩用户心理,触发用户情绪,通过"上瘾循环",让用户成为回头客。读读这本书,或许可以理解欲罢不能背后的驱动机制。

二、社交网络/媒体简史

社交网络并非 21 世纪的新发明,20 世纪末流行的个人博客网站可谓社交媒体的早期形式之一,它允许用户分享自己的观点、生活经历和专业知识。博客,如部落格(blogger)和在线日志(live journal)等,成为用户创作和分享内容的主要场所。1997 年,社交网络的早期试水者六度网站(SixDegrees.com)上线,其名称来源于六度间隔理论。该理论认为,世界上任何两个人之间的联系都可以通过不超过六个中间人来建立。六度网站的名称可见其连接社交的用意。

21 世纪初,我的空间(Myspace)、领英(LinkedIn)等社交网络兴起,直至脸书(Facebook)问世,社交网络开启了快速扩张阶段。按用户数来衡量,脸书已成为全球最大的社交网络。截至 2023 年 4 月,脸书的月活跃用户数为 29.89 亿人,约占全球人口的 37.2%[①]。

[①] Simon Kemp, "Facebook users, stats, data & trends"(2023-5-11), https://datareportal.com/essential-facebook-stats, accessed on April 16, 2024.

脸书诞生于 2003 年,当年其创始人马克·扎克伯格(Mark Zuckerberg)还是哈佛大学的本科生。随后,扎克伯格与室友们共同创立"TheFacebook"网站。网站最初只允许哈佛大学学生注册使用,随后扩展到其他常春藤名校。2005 年,创始人们以 20 万美元购得 facebook.com 域名,正式改名为"Facebook"。2006 年 9 月,脸书开放给任何 13 岁及以上的人使用,到今天依然如此。2010 年 3 月,脸书在美国的访问人数超过谷歌(Google),成为全美访问量最大的网站。如今,脸书已成长为一个庞大的线上社交王国,拥有 90 多家子公司,实时在线通信工具信使(Messenger)、图片分享社交网络 IG(Instagram)都被购入麾下。脸书的商业策略、运营方式引领着社交网络的运转规则。

2006 年,推特(Twitter,现改为 X)上线。2009 年,新浪微博出现。此类网络更加注重即时性的信息分享和交流,加快了信息传播的速度,扩大了信息触达范围。虽然微博也具有社交属性,但不同于微信的"好友可见",微博坚持公开的信息分享形式。"人人都有麦克风,人人都可以成为记者",正是微博时代信息传播方式的注脚。在事件现场的普通公众,通过微博即可发布信息,还可以触达更广泛的公众。中外记者都将推特或微博作为重要的信息来源。

21 世纪的第一个十年,图像、视频分享网络也开始勃兴,2005 年创立的优兔(YouTube)一直是最大的视频分享网络。随着 2016 年抖音及其海外版 TikTok 的推出,短视频成为社交网络中传播信息的重要形式,在线传播内容日益图像化、视觉化。

如果说脸书的诞生是一个大学生白手起家的故事,那么中国最大的社交媒体微信的诞生就是一个由资本打造的网络快速崛起的故事。

2010 年 10 月,腾讯公司筹划启动微信项目,项目由腾讯广州研发中心产品团队负责打造。团队经理张小龙带领开发过

Foxmail、QQ 邮箱等项目,他也被称为"微信之父"。"微信"这个名字是由腾讯公司总裁马化腾在产品策划中确定的。

2011 年 1 月 21 日,微信发布针对 iPhone 用户的 1.0 测试版。该版本支持用户通过 QQ 号导入现有的联系人资料,但仅有即时通信、分享照片和更换头像等简单的功能。后来,微信允许通过导入手机通讯录来获取好友。

有资本助力,有经验丰富的专业团队协力打造,有之前做社交网络的经验,并且初期没有设立准入门槛,微信积累用户的速度显著超越脸书。上线 433 天,微信用户数超过 1 亿;到 2018 年 3 月,微信全球月活跃用户数超 10 亿;2023 年年底,微信月活跃用户数超过 13 亿①,微信成为"中国制造"的社交网络平台里的巨无霸。

我们通过 Statista 平台获取了全球社交网络用户数,数据截至 2024 年 1 月,如图 5-1 所示。

图 5-1　全球社交网络用户数排行

---

① Statista, Number of monthly active WeChat users from 4th quarter 2013 to 4th quarter 2023（2024 - 4 - 17）, https://www.statista.com/statistics/255778/number-of-active-wechat-messenger-accounts/, accessed on April 8, 2024.

第二节 什么是社交网络/媒体

截至 2023 年年底,微信的月活跃用户数为 13 亿,其品牌价值达到 502 亿美元。用户注册、使用微信均免费,那么微信如何赚钱呢?它是如何被赋予如此高的品牌价值的?这涉及社交网络/媒体运转的秘密,引用一句经典的台词"如果你没有花钱买产品,那你就是产品"①。本节将通过经典传播学理论解释用户如何成为社交网络/媒体的产品。在揭秘前,先要厘清何为社交网络/媒体,它有什么特征。

一、社交网络/媒体

社交网络/媒体是一个虚拟的在线社区,用户可以在社区内发布信息、共享信息、与他人建立社交关系等。"社交网络"与"社交媒体"略有不同,但又存在重合,两者的侧重点不同。前者着重强调网络上的虚拟社区搭建起的社交连接,后者侧重突出虚拟社区中共享的内容。社交网络公司通常不愿被称为社交媒体,更希望以商业公司的面貌存在,如此可更多地逐利,而无须承担媒体的责任。接下来,我们使用社交媒体的称谓,强调虚拟社区作为内容平台的意涵。

在社交媒体出现之前,公众主要依赖大众媒体获取信息。大众媒体的传播可简单理解为线性的、一对多的模式,即一家媒体面向广大公众传递信息,公众被称为"受众"——接收信息的

---

① 源自美国在线视频平台奈飞(Netflix)推出的纪录片《监视资本主义:智能陷阱》(*The Social Dilemma*)。

大众。大众媒体有多种物质载体，如期刊、报纸、广播、电视和互联网等。大众媒体的内容生产过程相对封闭，内容由专业的从业者依据职业内认可的标准、程序生产。这套生产标准与规范被称作"专业理念"，确保了大众媒体的内容质量。

进入社交媒体时代，大众媒体无法继续垄断内容生产，任何在新闻现场的个人都可以通过社交媒体发布信息。受众不再是被动的信息接收者，而转变为集生产内容与消费内容于一身的产消者。以往信息经过挑选和清理才抵达受众，信息是稀缺的、珍贵的。如今，冗余成为信息的特质。截至2023年年底，每分钟有360 000条推特发出，有4 000 000万次脸书点赞[①]。信息如海啸般袭来，注意力开始变得弥足珍贵。

二、社交媒体的显著特征

与大众媒体相比，社交媒体有以下三个显著特征。

（一）依赖用户生产内容

社交媒体具有较强的开放性，允许任何注册用户自行创建内容并分享内容，内容生产和发布不再掌握在少数专业人士手中。社交媒体的开放性得益于参与式网络架构。在互联网兴起之初，网络媒体也有取代纸质媒体的趋势，但网络媒体的内容仍然来源于少数内容生产者，公众仍然是受众。而社交媒体的参与式网络架构激活了用户的潜力，用户生产内容（user generated content，简称UGC）成为社交媒体的重要支柱。社交媒体自身并不生产内容，而依赖用户生产内容。

以此为标准，我们可以区分不同的网站。例如，哔哩哔哩

---

① Statista, "Media usage in an internet minute as of December 2023"（2024-1-2），https://www.statista.com/statistics/195140/new-user-generated-content-uploaded-by-users-per-minute/，accessed on April 23，2024.

(B站)、抖音和快手都可称作社交媒体,都高度依赖用户生产的内容(B站也有版权内容),而爱奇艺、优酷、腾讯视频更符合视频内容平台的称谓,虽然这些平台允许用户互动交流并上传内容,但其核心内容依然是集中化生产的影视剧和综艺节目等。

(二) 平台性

用户生产内容使得社交媒体成为包罗万象的"内容仓库",视频、图片、文字、链接等多元内容不断涌现。社交媒体不仅汇聚内容,还聚合多种功能。

以微信为例。早期的微信只有即时通信功能,如今微信几乎涵盖人们生活中的一切场景,如社交、朋友圈、出行、购物、浏览媒体内容(公众号与视频号)、游戏、旅行、外卖、健康等。正如微信的宣传语"微信,一种生活方式"所说,它近乎是我们真实生活的线上版本——一个无所不包、无处不在的"一站式平台"。

平台可以指一种媒介或工具,例如外卖平台是用来点外卖的应用工具。平台提供基础设施和技术框架,应用工具可不断增加,聚合多重功能。平台运行的逻辑可称为平台性,这些逻辑影响了数字时代人们的认知与行动。本书第一讲推荐阅读的《外卖骑手,困在系统里》一文,就批判审视了外卖平台的逻辑。外卖平台对时间的强烈挤压,培养了用户对外卖到货时间的习惯性期待,骑手则以牺牲安全为代价来满足用户期待,平台逻辑无形中演变为不言自明的规则。

(三) 依赖算法推荐

社交媒体平台依赖算法推荐为用户推送内容。打开抖音或B站,源源不断跳出的视频背后是算法在工作。算法会综合用户的注册信息、行为信息和社交网络信息为用户推送内容。注册信息包括性别、年龄、地点、使用的手机品牌等;行为信息指用户在每条信息上的停留时间,用户的分享、点赞或评论行为;社交网络信息则是用户的社交关系。综合这些信息可以判断用户的喜好和习惯，从而向用户推送符合其偏好的内容。

算法推荐通过复杂的计算机程序实现，程序中包含一系列参数和框架。实际上，连算法工程师都无法明确阐释其运行规则。对公众而言，算法更可谓一个"黑箱"。算法掌握了我们的信息厨房，而我们却连菜单都无法获取。由算法支配的信息厨房引发了"信息偏食"、群体极化等忧虑，算法运行对个人数据的获取还关涉个人隐私权等关键问题，我们将在第七讲和第八讲继续讲解这些数字时代的关键议题。

第三节 如何运营社交网络/媒体

如果我开了一家奶茶店，产品是奶茶，成本包括制作奶茶的原材料费用、店面费用和人力支出等，收入是一杯杯奶茶累积而成的。如果我创办了一家社交媒体平台，产品是什么呢？是虚拟的社交关系吗？不太对，社交关系只是从线下转移到线上。是社交媒体上的内容吗？不对，内容是用户生产的。成本包括什么呢？是内容制作费用吗？不对，我并没有向普通用户付费。但员工成本是实实在在的支出。2023年，脸书公司共聘用67 317名员工[①]。如何赚钱来养活这么庞大的公司呢？

一、以用户为产品

2023年，脸书公司的年收入超过1 349亿美元。用户没有

---

① Statista, "Meta: Number of employees 2004-2023"（2024-5-22）, https://www.statista.com/statistics/273563/number-of-facebook-employees/, accessed on August 16, 2024.

付费,脸书公司也没有卖出实体产品,那么它靠什么赚得盆满钵满？表5-1揭示了脸书公司的收入构成。

表5-1 脸书公司收入构成(2023年)①

收入来源	2023年(亿美元)	百分比
广告	1 319.5	97.8%
其他收入	10.6	0.8%
虚拟现实实验室	18.9	1.4%
总收入	1 349	

脸书公司的收入中有97.8%都来源于广告,其本质上是一种"注意力经济",即把用户的注意力售卖给广告商。报纸、广播、电视媒体同样也用受众的注意力换取广告收入。

受众在闲暇时间收看电视、阅读报纸,消费新闻信息的同时也在劳动。受众为获取资讯支付了费用,但所付出的劳动没有获得报酬。电视费、订阅费等并不足以支付新闻生产的经济成本,媒体的主要收入来自广告。媒体将内容售卖给受众,又将受众的注意力资源售卖给广告商,这个过程被称作"二次售卖"(见图5-2)。高峰时段或销量较大的媒体的广告费用更高,因为它们有更多注意力资源。受众是商业化大众媒体售卖的主要商品。批判传播学者达拉斯·斯麦兹(Dallas Smythe)提出"受众商品论"的概念,以批判地揭示商业化大众媒体的运营规则。

---

① Gennaro Guofano,"How does Facebook make money?"(2024-2-6),https://fourweekmba.com/how-does-facebook-make-money/,accessed on April 25,2024.

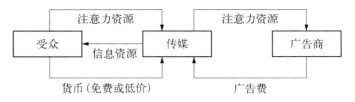

图 5-2　二次售卖的过程

社交媒体平台本身并不生产内容,只是用户生产内容的"搬运工"。用户贡献了内容却没有报酬,相当于为社交媒体平台打工;用户的注意力被卖给广告商,相当于为社交媒体平台重复打工。"免费"使用社交媒体的用户们已在不知不觉中成为彻底的"数字劳工"。这就可以更好地理解"如果你没有花钱买产品,那你就是产品"。

二、以数据为资本

你可能还会有疑问,广告商为什么不去报纸或电视上投放广告?为什么脸书等社交媒体深得广告商的厚爱?广告收入曾是报纸、广播、电视媒体的经济支柱,如今社交媒体取而代之,赢得了超大份额的广告市场。社交媒体有何秘诀能揽得广告商如此青睐呢?

简单来说,在社交媒体上投放的广告更精准,因为它是由数据驱动的,可以更好地刺激需求、匹配需求和供给。社交媒体平台掌握了海量人群的大数据,数据来源于用户授权的个人信息和用户的行为数据。根据用户个人身份信息、浏览信息、互动行为和社交信息,可以更精准地为其推送商品,并预测其购买行为,实现广告的精准投放。如果你打开微信搜索了苏州,可能很快你的朋友圈中就会出现与苏州有关的广告。你也可以与伙伴共同测试,当你们在社交媒体平台上多次互动后,你俩可能会收到同样的广告推送,依据好友的喜好来推测你的喜好通常都很有效。这也是社交媒体平台的数据独具价值的重要原因。

数据被认为是 21 世纪的石油,而掌握了海量用户数据的社交媒体无疑掌握了无可比拟的财富。这些数据可以预测群体行为,甚至可以被用来左右政治局势,也引发对隐私和数据权的关切。我们将在第七讲详细阐述。

社交媒体也通过会员制、订阅制等获得收入。用户开通会员后可获得更好的隐私保护等服务。脸书平台的宣传语原本是"免费并会一直免费下去",但在 2019 年,宣传语改为"又快又好"。

社交媒体已摘掉免费的面纱,我们在使用社交媒体的同时也在帮它赚钱。

第四节 社交媒体时代的公共生活

1997 年,香港回归,中央电视台连续直播 72 小时,收看人数达到 9 亿以上,街头巷尾的人们都通过电视共同见证了这一历史时刻。如今,"共同收看"似乎已成为远古仪式,人们转移到移动端获取信息,每个人都有自己的议程。在信息日益丰富的今天,我们更难拥有共同话题。社交媒体改变了人们获取信息的方式,改变了人们的交往方式,也对公共生活产生了深远的影响。

一、"我的日报"

根据权威调查机构皮尤研究中心 2023 年的调查,一半的美国人通过社交媒体获取新闻,更多人从电子设备而不是电视、广播或印刷出版物上获取新闻。调查还发现,43% 的美国成年人定期使用脸书获取新闻[①]。

新闻获取方式的改变重创了本就身处危机中的新闻业。社交媒体并不生产新闻内容，只是大众媒体内容的"搬运工"，这无异于"盗版"与"掠夺"。对于真正生产内容的媒体而言，读者的注意力被社交媒体抢走，订阅与购买大量流失，大众媒体赖以生存的广告也纷纷撤离，媒体深陷经济危机。

诚然，大众媒体的危机并非社交媒体一手造成，但当生产优质内容的媒体愈发艰难度日，而不生产内容的平台却赚得盆满钵满时，两者之间的矛盾愈发凸显。2021年，澳大利亚国会通过了名为《新闻媒体和数字平台强制议价规则》（News Media and Digital Platforms Mandatory Bargaining Code）的法案。法案要求脸书和谷歌公司向澳大利亚当地媒体支付费用，这样才能在信息流和搜索结果中展示媒体报道。这个法案也招致了不少非议。

新闻获取方式的改变不仅关涉公平，更重要的是，它与个人的"信息健康"息息相关，并进一步影响公共生活。大众媒体时代，人们共同阅读，共同探讨公共议题，共同用行动塑造了一种仪式，人们据此感知公共生活，并对公共议题达成有限度的共识。社交媒体时代，每个人都是自己的编辑，是自己的"看门人"，为自己打造信息世界。例如，为自己认可的信息按下"喜欢"（like）按钮，算法便继续为我们推送类似信息。屏蔽自己不喜欢的人或信息，使其不会出现在我们的朋友圈。一些青少年

[①] Pew Research,"Social media and news fact sheet"（2023-11-15），https://www.pewresearch.org/journalism/fact-sheet/social-media-and-news-fact-sheet/#:~:text=News%20consumption%20on%20social%20media&text=Slightly%20fewer%20(26%25)%20regularly,%25)%20or%20Twitch%20(1%25)，accessed on April 29，2024.

会选择屏蔽自己的父母和老师,如此,即便是最亲近的人也无从通过社交网络共同交流。我们选择自己认可的新闻和观点,使其充斥自己的朋友圈和信息瀑布流,待在令人舒适的信息同温层。

美国麻省理工学院媒体实验室创办人尼古拉斯·尼葛洛庞帝(Nicholas Negroponte)曾用"我的日报"(the Daily Me)来指称符合个人偏好的新闻产品。多项研究表明,人们通常并不真正偏好优质信息,反而是符合既有认知偏见的信息更能给人带来愉悦。个人定制将我们嵌入信息回音室中,到处回荡着自己爱听的声音和观点,偏见得以强化,共同的仪式却丧失,达成共识愈加艰难,公共生活难免支离破碎。

认识到自己的认知偏见是打破回音壁的第一步。有句俗语称"走出自己的舒适区",接收信息也同样适用,走出令自己舒适的回音室,多接收不同来源的信息,兼听则明。

二、群体性孤独

我们常常置身于这样的场景中:家人在一起,不是交心,而是各自看电脑和手机;朋友聚会,不是叙旧,而是拼命刷新微博、微信;课堂上,老师在讲,学生在网上聊天;会议上,别人在报告,听众在收发信息[①]。

看似我们"身"在一起,"心"却在别处。社交媒体占据了闲暇时间,"界面"取代了"见面"。但你与线上好友深入聊天吗?你是否有这样的感受:一边热闹,一边孤独?

一个人可以在现实世界中与多少人建立亲密的朋友关系呢?一项研究给出的答案是150人,其中,关系最密切者不超过

---

① Sherry Turkle,*Alone together: Why we expect more from technology and less from each other*, Basic Books, 2022.

5人。这个数字由英国牛津大学演化心理学家罗宾·邓巴（Robin Dunbar）提出，也被称作邓巴数。你的社交媒体账号上有多少名好友呢？根据2023年的统计数据，脸书用户平均有338名好友，但他们认为只有28%的好友是真正的或亲密的朋友①。社交媒体打破了物理空间的阻隔，将天涯海角的人连接在一起，看似扩大了朋友圈，但朋友之间更加亲密了吗？

照片、视频、声音等替代了直接的身体接触；网络技术提供的快捷编辑、美化等功能，使得"真实的自我"呈现为一种"修饰过的自我"。人际交往损失了真实性，借助表情包、语音、视频图像等的交流增加了理解的难度，也无法传递言谈举止与喜怒哀乐，"亲密关系"弱化为"相互联系"。

一方面，联系极度便捷快速；另一方面，交往的本质极度萎缩。在社交媒体上寻找亲密关系，却仍然感到孤独。这正是社交媒体时代的交往困境——"群体性孤独"，或称"在一起孤独"。

人类之所以被称作"类"，是因为其本质上仍然是"群居动物"。脱离了"类"这个共同体，个人难以生存。现代化、城市化的进程不断追求个性与独立，其代价便是孤独感的增加。社交媒体提供了个体增加交往的机会，但脱离了真实与身体接触的交往反而让人更加孤独。减少孤独，让我们回到现实世界中，拥抱自然，进行面对面交流，将更多时间留给家人、朋友，而不是社交媒体。

三、网络暴力

2023年1月23日，遭遇了网络暴力的粉色头发女孩郑灵华在"积极抗抑"三个月后，选择了离开。此前，她收到了研究生

---

① Mandy Osman, "Wild and interesting Facebook statistic and facts"（2023-9-22）, https://kinsta.com/blog/facebook-statistics/, accessed on May 1, 2024.

录取通知书,在社交媒体平台上传了拿着录取通知书探望爷爷的照片和视频,结果却因染粉红色头发而遭到网络暴力。她所面对的恶意评论让人不忍卒读,未曾经历就无法感同身受,短时间内大规模恶意伤害汹涌而来,此等伤害超越身体之痛。

网络暴力在社交媒体时代变得更加汹涌,社交媒体的匿名性、即时性使得暴力行为的成本更低。很多社交媒体都是匿名的,或者至少是虚拟化身而非面对面的。在匿名、虚拟的保护和隔离下,人的道德约束更弱,容易表现出强烈的攻击性。同时,伤害也是不可见的。面对面施害时,可以看到对方的反应,人性中善的一面更容易被唤醒。而在社交媒体平台上,恶语相向往往无法立即获知后果。

复旦大学新闻学院的学生做过一项调研,他们通过分析311个发生于2022年的网络暴力案例发现,超过四成网络暴力受害者为普通公众,任何人都有可能成为网络暴力受害者,而女性更容易因两性关系和外貌穿着遭遇网暴[1]。在好大夫线上问诊平台上以"网暴"为关键词检索到的问诊者中,近六成遭受半年以上的心理困扰,三成求助患者是未成年人。

网络暴力治理已提上日程,依法惩治网络暴力违法犯罪的指导意见开始向公众征集意见,相关警示案例发布。强化平台责任是当下的重点工作,平台应通过技术手段进行侦测、屏蔽恶意言语,并为追责提供帮助。对个人而言,当遭遇网络暴力时,应先断网,回到真实生活中来。同时,向亲友或专业人士寻求帮助,并为维权做好准备。

---

[1] 复数实验室:《311个受害案例、4场网暴模拟告诉你,谁该"保你平安"|有数》(2023年3月24日),https://m.thepaper.cn/newsDetail_forward_22399042,最后浏览日期:2024年9月20日。

第五节　社交媒体双刃剑

既然社交媒体带来如此多的社会问题,我们是不是应该杜绝使用社交媒体呢?

其实,社交媒体也为我们的生活带来了极大的便利,手机支付、出行、通信、外卖、快递、就医……社交媒体几乎成为一种新的基础设施,成为生活密不可分的一部分,例如微信名片就好比我们的"第二张身份证"。

在便利之外,社交媒体还提供了重要的连接。通过社交媒体,可以联系到失散多年的老朋友,可以跨越地理阻隔与家人视频电话,可以找到现实生活中很难遇到的小众爱好社群。从冰桶挑战到水滴筹,社交媒体都显示出通过人与人之间的联结来传递、积攒巨大善意的可能。在2020年新冠疫情暴发期间,依托社交媒体的即时性和强信息流动性,微博上的求助接力、"肺炎求助"超话社区都成为民间救助强有力的信息渠道,提供了在紧急情况下社交救助的新可能。

与大众媒体相比,社交媒体打破了话语权的垄断,人人都能发言,人人都可能被听见、看见,普通人也有发声的渠道和机会。

同时,大众媒体陷入困境,社交媒体上信息如洪流,优质信息却仍然稀缺。在算法、社交关系的推动下,虚假信息更容易流通,公众更容易暴露于信息污染的环境中。用户们一边做社交媒体公司的免费劳工,一边沉迷于社交网络。个体也许确实拥有数量更多的连接,但这种连接不是多元的,而是单一的——深处信息回音室,让我们感到舒适。

为了换取社交媒体提供的诸多便利,我们要让渡隐私权,暴露更多个人信息。例如,为了获得天气资讯,要交出位置信息;为了在微信运动中排行,要交出关于身体健康的信息;为了使用微信语音,需要允许微信使用手机麦克风。越多使用社交媒体,就会暴露越多个人信息。这些个人数据已经成为虚拟世界的大宗商品,被集结、倒卖、挖掘价值,被采集和贩卖的数据隐私将反过来影响数据的主人,重塑现实世界。

当我们赞美社交媒体为普通人提供发声机会时,也不要忘记机会并不均等,社交媒体也挖掘出新的数字鸿沟。年轻人轻松熟练地进行网络支付、网络购票、扫码乘车,而很多老年人、经济受限的人、不熟悉电子产品的人被挡在便利之外,甚至生活愈发举步维艰。在享受技术带来的便利与快捷的同时,我们要记得问:技术抛下了谁?

这些嵌入我们生活的社交媒体巨头,在经济上实现了一定程度的垄断,拥有数量众多的用户,经济上的垄断也将或多或少地投射到文化、政治和社会领域。我们越来越依赖这些"巨兽",也就越来越难以把控它们。

对社交媒体的监管是宏大的社会问题。身为个体,我们不妨常常自问:抖音、快手和 B 站是竞争对手吗?微博和微信是竞争对手吗?不完全是。社交媒体平台最大的竞争对手是你的家人、朋友和你的自由时间。

要点回顾

1. 生活在社交网络/媒体时代。
2. 什么是社交网络/媒体?
3. 如何运营社交网络/媒体?
4. 社交媒体时代的公共生活。
5. 社交媒体双刃剑。

思考题

1. 社交媒体是媒体吗？
2. 你支持社交媒体实名制吗？
3. 请你为治理网络暴力支支招。

延伸阅读

1. 刘海龙：《"判断"是人的基本权利，但我们正在把它交给算法》(2020 年 11 月 17 日)，微信公众号"腾讯研究院"，https://mp.weixin.qq.com/s/DdCZK_OelObkWaXjixP9qw。

2. [美] 富兰克林·福尔：《没有思想的世界：科技巨头对独立思考的威胁》，舍其译，中信出版集团 2019 年版。

3. [美] 杰夫·奥洛威斯基：《监视资本主义：智能陷阱》(*The Social Dilemma*)，2020 年纪录片。

4. [美] 雪莉·特克尔：《群体性孤独：为什么我们对科技期待更多，对彼此却不能更亲密？》，周逵、刘菁荆译，浙江人民出版社 2014 年版。

第六讲　事实是神圣的：在数字时代求真

知识导图

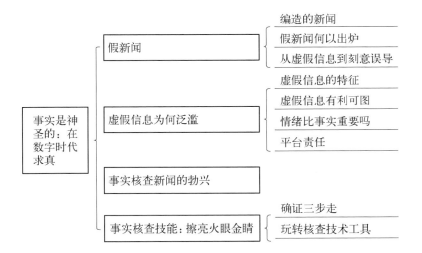

2017年3月22日下午,英国议会大楼外发生恐怖袭击。一名男子在威斯敏斯特桥上开车冲撞行人,造成大量伤亡,随后持刀攻击议会大楼警卫。事件造成6人死亡,约50人受伤,被定性为恐怖袭击。随后,一张图片(见图6-1)在社交媒体上广泛流传。图片称是伦敦地铁的一则告示:"礼貌地提醒所有恐怖

分子,这里是伦敦,无论你对我们做什么,我们都将喝茶并高高兴兴地继续生活,谢谢。"

仔细观察图 6-1,你能发现什么问题?

图 6-1 2017 年伦敦恐怖袭击后社交媒体上
广泛传播的一张图片

伦敦地铁中的告示确实都是手写的,无论是告示牌还是背景中的元素都与现实中如出一辙。请你盯着第一行文字中的 l 和 r 看一分钟。发现了吗?它们就好像是复制粘贴的。再往下看,但凡同一个字母,写得都是一模一样的,而手写无法达到复制粘贴的效果。这是一张伪造的图片,使用手写风格的电脑字体,由带有伦敦地铁告示的模板生成。

这张照片瞒过了网友,瞒过了英国首相发言人,瞒过了众多新闻机构,名人、政客都在转发,英国首相发言人在发布会上朗读了图片中的内容,这段话也进入了英国广播公司(BBC)的报道。

在 2020 年新冠疫情期间,很多人都收到过一条微信消息:"刚接通知,定于今晚 12 点对全市主干道进行大面积消杀、消毒工作。因此次消毒药水浓度较大,请各位于今晚 10 点后务必待在家中,不要随意出入,睡觉时请紧闭门窗,以免给您造成身体不适。请各位务必配合消毒工作(市政府办)。"这条非官方渠道发布、无具体地点信息、仅有一个括号落款的文字消息在疫情期间广泛流传。

这两则均为广泛流传的虚假信息。社交媒体和数字技术释放了信息生产的潜能,带来了鱼龙混杂的信息洪流,如何辨别真假成为数字公民的重要素养。本讲将剖析当下信息环境的特点,分析虚假信息能够广为流传的原因。信息择取影响个人生活中的很多决定,小到选择何种商品,大到选择哪所学校。我们该如何提升信息择取的质量呢?本讲将教你很多技能,擦亮你的慧眼,辨别信息真伪。

开篇思考:

【提问】列举一条虚假信息。你是从哪里看到的,是报纸、微博还是其他渠道?

【提问】你是如何识破一条虚假信息的?

【提问】为什么虚假信息会广为流传?

第一节 假 新 闻

本讲开篇提到的两个案例,一个是假新闻,一个是谣言。你能区分两者吗?

假新闻通常指存在虚假内容的新闻。谣言的历史更为古老,一般指人际传播的未经证实的信息。两者的关键区别在于信息是否以新闻的形式发布。本节重点聚焦假新闻,讨论假新闻的产生和根源。

一、编造的新闻

真实是新闻的生命,发布存在虚假内容的新闻会严重损害媒体的声誉。

1980年9月28日,《华盛顿邮报》刊发了记者珍妮特·库克(Janet Cooke)撰写的报道《吉米的世界》(见图6-2)。报道主角吉米生活在华盛顿,是个8岁的小男孩,小小年纪已对海洛因上瘾。报道描述称,孩子棕色的、婴儿般光滑的皮肤上散落着雀斑一样的针孔。这篇报道引发了强烈的同情与反响,华盛顿市

图6-2 《吉米的世界》

长组织相应负责人寻找这个小男孩,但并没有找到。为了回应公众压力,市长撒谎称吉米已被找到,正在接受治疗;没过多久,又宣布吉米已经死亡。始终没有露面的吉米让人们开始质疑报道的真实性,但《华盛顿邮报》依然捍卫了这篇报道,并认可记者保护消息源的宣称,一直未披露受访对象,总编辑还推荐这篇报道参评普利策奖。1981年4月13日,珍妮特·库克凭借这篇报道获得了当年的普利策特稿写作奖。

随后,人们发现珍妮特·库克对外宣称的学历、工作、获奖经历等与事实不符,由此引发了对报道的怀疑。《华盛顿邮报》经过进一步调查得知,珍妮特·库克不仅在学历和获奖经历上造假,还编造了吉米的故事。在获得普利策奖两天后,《华盛顿邮报》举行新闻发布会,承认该报道系编造,并于次日刊发社论公开道歉。珍妮特·库克辞职并退还了普利策奖。

二、假新闻何以出炉

珍妮特·库克接受电视节目采访时称,有信源向她暗示有如吉米一般的小男孩存在,但她没有找到本人,迫于交稿压力,最终编造了一个吉米的世界。这则编造的报道给《华盛顿邮报》的声誉造成了严重的影响。媒体依赖公众的信任,而信任来自真实的报道。媒体为什么会刊发假新闻呢?

实际上,媒体设置了一系列工作流程并通过职业规范来避免刊登虚假报道,如编辑核查、总编辑查验等。这篇报道能够出炉,除了记者本人严重违反职业伦理,也反映出编辑部工作流程的严重失误。事后,《华盛顿邮报》重新调整了生产规范,媒体也开始要求记者与编辑分享匿名消息源的身份信息。

除刻意编造,假新闻也可能来自无心之失。

新闻生产受到时间和资源的限制,尤其在数字时代,时效性的要求日益严苛，竞争越来越激烈，早一秒钟发出报道都是巨大的优势。时间压力与质量保证之间存在矛盾张力。为了早一秒钟发出来，有可能删减了核验环节，导致信息失真。媒体永远需谨记，真实是第一位的，不能为抢跑而损耗真实。

此外，事件不断发展变化，媒体可能无心发布有误信息。例如，突发事件发生后，为满足公众知情权，避免人员前往可能引发的更多伤亡，媒体需要快速发布最新信息。随着救援展开，伤亡信息可能会更正，已经发布的信息可能包含错误内容，但并不能由此指责媒体发布假新闻。此外，采访过程中可能存在表达失误、理解偏差、专业知识不够等问题，导致报道与事实真相有出入。此时，媒体应主动承认错误，并着力提升自身专业素质。还有时候，信源提供了错误的信息，导致报道出现偏差。媒体应谨慎对待来自信源的信息，进行交叉验证不可或缺。

三、从虚假信息到刻意误导

无论出于何种原因，刊登假新闻都是媒体的重大事故，警醒从业者要时刻以专业规范和职业道德为准绳。然而，对于"假新闻"界定，一直存在争议。有学者认为，新闻的本质就是真实，因此，不存在"假新闻"的称谓，假的就不是新闻。有学者认为，谣言只是未经证实，并不一定就是虚假信息。

社交媒体时代，新闻生产的门槛降低了，多元主体都涌入了新闻生产领域，发布类似新闻形式的内容。短视频、社交媒体短讯等新的新闻形式开始涌现。如何判定何为虚假遇到了不少挑战。

有学者提出，不应拘泥于发布形式来判定真假，而应呼唤道德层面，依据发布者的意图将虚假信息分为不实信息（misinformation）和误导信息（disinformation）。不实信息只是未能准确地反映事实,发布者并没有刻意误导;误导信息的发布意图就是为了欺骗和误导,甚至是为了达成某种政治目的(例如抹黑政治对手)。

如果用图示来表达假新闻、不实信息和误导信息之间的关系,应该是哪一种呢(见图6-3)?

图6-3 假新闻、不实信息和误导信息的几种可能关系

第三种关系更为恰切,假新闻中既有不实信息,也有误导信息,但不是所有的不实信息或误导信息都是假新闻。"假新闻"这个词汇的流行与美国前任总统特朗普有一定关系。他常常使用"假新闻"来攻击批评自己的媒体,甚至还做了一个"假新闻"奖,"颁发"给监督他的美国媒体。《华盛顿邮报》曾发表评论文章《总统先生,停止攻击媒体吧》,批评特朗普对"假新闻"的滥用。文中写道:"'假新闻'这个短语被用来让记者噤声、打击政治对手、逃避媒体监督、误导公民,现在这个短语却被一位美国总统赋予合法性了。"①

刊登假新闻确实是媒体的严重错误,甚至有人以此指责新闻职业道德败坏,但也应看到虚假信息并不全是恶意编纂的,也可能是无心之失。从道德层面出发来区分虚假信息,其价值就在于点明了并非所有虚假信息都是故意欺骗。我们既要学习分辨,也要警醒用假新闻来污名化媒体报道的论调。

---

① "Mr. President, stop attacking the press"(2018-1-16),https://www.washingtonpost.com/opinions/mr-president-stop-attacking-the-press/2018/01/16/9438c0ac-faf0-11e7-a46b-a3614530bd87_story.html, accessed on April 16, 2024.

第二节　虚假信息为何泛滥

你可能经常刷到图 6-4 中的信息，微信朋友圈和家庭群中时常流传"某种食物不能吃"的消息，以至于你可能感觉安全的食物不多而有些焦虑。每过一段时间，人们就会因为某条消息而突击囤积某种货物。这些流传甚广的信息大多为虚假信息，在日常生活中流转，没有明确的消息来源，没有人为错误负责，但造成的影响可不小。为什么虚假信息能流传千里呢？

含糖饮料坏处多，不仅让你胖，不想患癌就少喝！
含糖饮料增加患癌风险 在过去几十年里，全世界的含糖饮料消费量都在增加。

美国卫生局叫停华人吃蟹黄 因其可能致癌……
紧急叫停：蟹黄化学物质多 卫生局强调别给孩子吃 报道称，纽约市卫生局的工…

牛津大学新研究说吃鸡也致癌！防癌究竟该怎么吃？
前几天又看了个报道说，牛津大学的一项新研究发现…老说吃啥啥致癌的…

图 6-4　关于"食物致癌"的消息

一、虚假信息的特征

因为虚构了吉米的世界，记者丢掉了工作，报纸受到了重创。图 6-4 中的虚假信息却无人为之负责，得益于社交媒体和算法推送，这些信息甚至流传更广。数字时代的虚假信息有以下四个特征。

第一，事实模糊。一眼看上去找不到明显的事实信息，也没有新闻事件，难以判定真伪。

第二,难以判定发布主体身份。社交媒体时代发布主体日益多元。

第三,没有明确消息来源。通常不提供明确的消息来源身份信息。会假借官方或权威主体来佐证观点,通常只有机构信息,没有具体负责人信息,如"美国卫生局"或"牛津大学新研究"。有些情况下,机构名称和内容也是无中生有。

第四,夹杂观点,多用夸张引发情绪。内容中看似在陈述,但夹杂了很多观点,用夸张的字眼挑动读者情绪。读者感到揪心、焦虑,就更容易参与内容传播。

如果你对相关健康信息感兴趣,可以阅读微信公众号"NJU 核真录"上由南京大学新闻传播学院学生写作的文章《核查丨舌尖上的危险:牛奶、薯片等20余种常见"致癌"食物盘点》。

二、虚假信息有利可图

在学会辨认虚假信息之前,先思考一个重要问题:为什么会有这么多虚假信息呢?

在新冠疫情期间,微信公众号上涌现出大量极为相似的文章,如《留在××的华人华侨:囤积食物自我防护,思来想去还是暂时不回国好!》《华人注意!! ××卫生部公布了10个易感染新冠风险场所,转发提醒!!》《疫情之下的××:店铺关门歇业,有家难回,在××待着太难了!!》《点赞!!返××华人自愿自我隔离:对自己和家人负责》《几十万中国人将离开××,××内就得走!》。××是各异的海外地名。澎湃新闻比较了几篇推文发现,发生在不同地点的故事都有同一套模板:某地因疫情沦陷,人们生活在水深火热中。将模板中的国家名、天气、主人公姓名和职业稍作更换,便生产出发生在各地的情节一致的故事,每篇推送换汤不换药。

澎湃新闻记者详细查阅了题为《留在××的华人华侨：囤积食物自我防护，思来想去还是暂时不回国好！》的17篇系列推送。第一篇于2020年3月11日18点发布在微信公众号"掌上印度"上；3小时后，8篇雷同文章同时发布在"津巴布韦华人在线""掌上都柏林""莫桑比克网络微生活"等微信公众号上；24小时后，又有8篇发在另外8个微信公众号上。

发送17篇推送的17个微信公众号，其账号主体隶属三家公司。根据公开可查询信息，这三家公司的股东中都有郭红这个名字。郭红一人通过这三家公司，注册了至少68个微信公众号（见图6-5），生产出大量雷同的虚假信息。

澎湃新闻将调查公之于众。微信平台回应称此类文章涉及夸大，违反《微信公众平台运营规范》，删除了近百篇相关文章，封禁了三个主体下的数十个违规公众号。

郭红为什么要注册这么多微信公众号呢？不断发布文章很费时，为什么要这么做呢？

因为批量造假可以赚钱，即我们常说的"流量变现"。批量造假能成为一门生意与社交媒体平台的运营方式密切相关。在第五讲中，我们讲过社交媒体平台的运营之道——将用户的注意力售卖给广告商。为持续获得用户的注意力，平台鼓励公众号持续创造内容，设计出与公众号进行广告分账的策略。公众号推送的文章中插入了广告，文章浏览量越高、转发量越大，用户的注意力就越多，广告的到达率也越高，公众号的运营者就越能获得更多广告分账。公众号达到一定的粉丝规模，也可以不依靠社交媒体平台的广告分账，可自己承接广告或通过带货来赚取分成。

第六讲　事实是神圣的：在数字时代求真　111

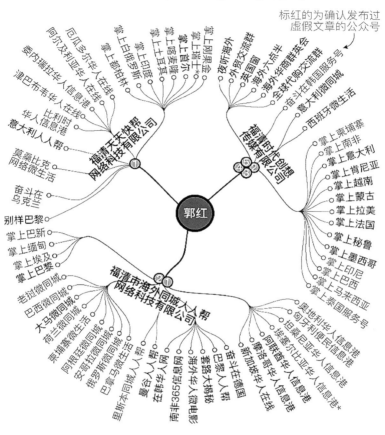

资料来源：微信公众号、天眼查
注解：统计截至2020年3月17日16点；名称为瑞士、埃塞尔比亚

图6-5　郭红的新媒体矩阵①

---

① 《借"疫情"涨粉？自媒体"批量造谣"，该整治了！》（2020年3月31日），https://m.thepaper.cn/newsDetail_forward_6816519。

社交媒体平台上时常涌现批量造假的文章。据报道,在欧洲东南部的马其顿共和国有一个叫作维列斯(Veles)的小镇,人口约 45 000 人,其中,未找到固定工作的年轻人靠编纂虚假信息维生。他们注册了超过 100 个网站,专门生产、发布有关美国政治的虚假信息,并将其分享到脸书平台,通过超高的点击量从广告分账中获利。一位年轻人在采访中表示,自己在 6 个月里至少赚取了 60 000 美元,而当地人年均收入只有 4 800 美元[①]。

三、情绪比事实重要吗

当下,我们经常会读到虚假信息,各类不实的、夸大的、情绪化的、极端化的、阴谋论的信息混合掺杂在一起,信息污染问题严重。

大众媒体时代,新闻生产受到职业标准和职业规范的约束,即便有编造新闻出炉,大众媒体也会通过程序修补避免此类事件再次发生。社交媒体使得普通人都拥有话语权,人人都可以发布信息,但并非人人都对信息的真实性负责,事实模糊的信息也可以发布。此外,流量变现使得制造虚假信息成为有利可图的生意,利益诱惑下,难免会激发行动。

可能你会奇怪,在现实生活中,我们并非人云亦云,个体都是有判断力的,为什么虚假信息还是流传甚广呢?

我们在本讲开头提到 2017 年伦敦恐怖袭击后广为流传的一张虚假图片。发布者承认造假后,并未被严厉谴责,转发的名流也没有为传播虚假信息而道歉。一种论调很有代表性:此

---

① "Fake news: How a partying macedonian teen earns thousands publishing lies" (2016-12-8), https://www.nbcnews.com/news/world/fake-news-how-partying-macedonian-teen-earns-thousands-publishing-lies-n692451,accessed on April 16, 2024.

时,真假不重要,重要的是这张照片传递出来的坚强、乐观、毫无畏惧、不会被打倒的"伦敦精神"。

真假难道不重要吗?这个事件折射出一种新的社会心态——情绪比事实重要。这张造假的图片迎合了恐怖袭击发生后人们的普遍情绪。于是,事实便让位于情绪,退居次席。

有研究者用"后真相"(post-truth)来描述这个社会现象,《牛津英语词典》将该词列为2016年年度词汇。后真相指公众舆论更容易受到情感和个人信念的影响,而不是客观的事实陈述。麻省理工学院的一项研究发现,虚假信息比真实新闻传播得更快,因为虚假的内容往往能激发读者强烈的情绪反应,如恐惧、难过、恶心、愤怒等,所以能够在社交媒体上得到更多的反馈。人们更愿意相信符合已有认知偏见的信息,由此可以确证自我,获得更多自我认同,而不去追求分辨其真伪。由此,煽动情绪且带有偏见的虚假信息得以四处传播。

四、平台责任

在虚假信息传播的过程中,社交媒体平台并非一清二白。数字时代,任何一家社交媒体平台都比大众媒体时代的媒体更有权力。它们已经成为手握大权的信息"把关人",决定了数十亿人群的信息获取质量。

在2016年美国大选期间,脸书平台上虚假信息、谣言、阴谋论泛滥,流传甚广的几则信息都出自马其顿的几个青年人之手。舆论指责社交媒体平台上的虚假信息影响了选情。脸书平台创始人马克·扎克伯格却称:"我们的目标是让每一个人都有发言权……对何为真相进行仲裁应该慎之又慎。"①

---

① 参见 https://www.facebook.com/zuck/posts/10103269806149061。

社交媒体平台并不对虚假信息负责,常见的辩护是社交媒体"只是平台",是内容的搬运工而非生产者,无须为内容质量负责。这是典型的"平台无责论"。平台真的清白吗?在一定程度上,社交媒体平台纵容了虚假信息的泛滥。当虚假信息获得一定关注后,社交媒体平台的算法会将其推送给更多用户,从而造成虚假信息的病毒式传播。

世界各国的监管机构都开始关注此问题。在舆论压力下,2018年,马克·扎克伯格有了新的表态:"脸书在很多方面都更像政府,而不是传统的公司……我们有这么多用户,不同于其他科技公司,我们真的在制定政策。"①

社交媒体平台开始改变不作为的做派。在新冠疫情期间,微博、脸书等社交媒体平台开始为用户发布的内容贴标签。如果用户发布的内容中涉及疫情、疫苗等议题,标签会提示寻找权威、官方消息源。

在日常生活中,我们会极为慎重地出让决策权,例如允许医生对个人健康作出决策,允许政治家对政治事项作出决策。然而,社交媒体平台的程序员只要对推荐算法稍作修改,便可轻易影响数以亿计人的信息获取。我们需要对社交媒体平台拥有的权力保持警醒,并通过监管、政策和法律协调权力的分配。

第三节　事实核查新闻的勃兴

以真实为志的新闻业积极寻找应对糟糕信息环境的对策,

---

① "Facebook's war on free will"(2017-9-19), https://www.theguardian.com/technology/2017/sep/19/facebooks-war-on-free-will, accessed on April 16, 2024.

事实核查新闻应时而生。实际上，任何新闻在刊发前都须进行核查，这是新闻生产的基本原则之一。但受到社交媒体信息环境的影响，事实核查从刊发前核查转变成发布后核查。

核查是新闻生产的应有之义，每篇稿件都应经过记者、编辑的核查才能刊发。有的媒体为提升报道质量，专门设置了事实核查部门，并配备专业的事实核查员（fact-checker），以便对内容生产进行严格的把关与管理。

20世纪20年代，美国《时代》周刊和《纽约客》（*The New Yorker*）杂志先后成立了事实核查部门，也是最早的专职核查团队。稿件在刊发前经过部门编辑审核后，还要由专职核查编辑负责再次审核，以保证稿件整体倾向和术语使用无误，没有事实性错误和偏差。德国《明镜》周刊（*Der Spiegel*）成立了世界上最大规模的核查部门，最高峰时部门内有上百人，从业者中不乏博士，由此保证专业领域核查的准确性。

到20世纪80年代，事实核查成为一种专门的报道类型，用来公开评估政治言论的真实性。进入数字时代，第三方核查机构开始兴起，独立于媒体，专门开展社交媒体上流传信息的事实核查。

早期的事实核查是大众媒体内部的一项制度或操作流程，本质上属于媒体内容把关的一部分，进行事实核查的出发点是保障报道的真实性和准确度。如今，事实核查逐渐演变为一种勃兴的新闻样式，将事实核查的过程和结果呈现给用户，邀请用户参与核查过程。事实核查制度对确保真实和提升报道质量都有积极的作用。

按运营模式与资金来源划分，事实核查机构可分为两种：一是隶属于新闻媒体的核查机构；二是作为独立的公司或公民组织项目存在，常见的如附属于非政府组织的核查机构，还有隶属于科研、学校的核查机构。目前，欧洲大多数长期运营的事实核查机构都采取了第二种模式。接下来，我们通过具体实例来看看事实核查如何运转。

(一) 刊发前核查:《明镜》周刊档案部

德国《明镜》周刊于 1946 年创刊,是德国最有影响力的媒体之一。成立之初,《明镜》周刊就设立了档案部,负责整理、收集、核对新闻报道所涉及的材料,后来发展成为事实核查部门,延续至今。2017 年,《明镜》周刊在全球共聘用采编人员 245 人,其中,全职事实核查员就有 80 人之多,是世界上拥有最大规模事实核查团队的媒体机构。

《明镜》周刊事实核查团队的特色是开展专家型核查。团队成员中有某个领域的专家,不少成员有博士学位,他们不仅负责核查稿件事实,还提供特定领域的专业咨询。例如,周刊一位核查员是医学博士,可以为医学领域的稿件提供专业指导意见,避免出现导向性错误和常识性错误。

周一到周三没有稿件审核时,事实核查员会根据记者选题的需要,提供相关资料和个人意见;周四和周五主要进行稿件内容核查。

在核查稿件内容时,从最基本的人名、地名、时间、数字等新闻的基本要素,到带有观点推衍的论述都要核查。一般而言,杂志上的一页文章需要一小时左右的核查时间。如遇上突发新闻,时间紧迫,就要考验事实核查员的专业素养了,需要他们迅速辨识并核查与文章论点最密切关联的事实。看完文章,事实核查员会与编辑和记者本人沟通,对必要内容进行修正。

在刊发前进行事实核查非常有必要。在随机抽取的一期《明镜》周刊里,共有 1 153 个被纠正的错误[①]。忽略拼写错误和

---

① Digiday,"Inside Spiegel's 70-person fact-checking team"(2017 - 8 - 15),https://digiday.com/media/inside-spiegels-70-person-fact-checking-team/,accessed on April 16,2024.

不符合杂志写作规范的地方,仍有449处错误和400个不太精确的段落,其中,四分之三都在和编辑协商后得到纠正。由此可见,新闻生产的过程细碎繁复,有许多需要详细审视、推敲的细节。

(二)发布后核查:核查政治人物言论的PolitiFact

事实核查部门并不直接生产内容,对媒体而言,养活事实核查部门可能是笔昂贵的开支。2006年的一项调查报告显示,在259家德国新闻媒体中,只有6家设立了事实核查部门。随着媒体财政危机日益严重,如今事实核查部门可能更稀少。社交网络上的信息资源带来了一种新的可能——利用线上资源,专门从事事实核查的独立机构开始诞生,其中的典型代表就是美国的PolitiFact网站。

2007年,比尔·阿代尔(Bill Adair)创办了PolitiFact网站,其以验证政治人物的言论为核心任务。该网站每天都会从报刊、广播、电视、通讯社、社交媒体等各类渠道获取政治人物的言论,其中,观点的部分无法核查,每个人都可以有不同观点,而涉及事实的表述才可以启动核查。网站列出了五个启动核查的基本条件。

第一,该言论是可验证的,即只核查事实,不核查观点,因为观点是自由的。

第二,该言论可能会误导公众。

第三,该言论具有潜在的政治和社会影响,即是重要的、有新闻价值的(而不是无关紧要的细节或者明显的口误)。

第四,该言论已广泛流传,即有可能被其他人反复引用、转述,成为其他人的论据。

第五,该言论具有一定的模糊性,即如果一个普通人看到这个陈述,是否会起疑。

核查结果会以具象化的形式展现给读者。网站设计了颇具创意的真实性测量仪(Truth-O-Meter,见图6-6),根据言论的真假程度划分了六个等级:真实(true)、基本真实(mostly true)、半真半假(half true)、基本失实(mostly false)、失实(false)、假得荒谬(pants on fire①)。

图6-6　PolitiFact网站的真实性测量仪

PolitiFact是一个非营利机构。为提高透明度,网站主动公开其资金来源并保持更新。资料显示,网站主要资金来自《坦帕湾时报》(*Tampa Bay Times*),也接受骑士基金会(Knight Foundation)等基金的赞助。

2009年年初,美国普利策新闻奖评委会宣布打破延续百年来只接受报社申请的限制,首次接纳期刊和独立新闻网站参选。当年,PolitiFact网站凭借在2008年美国总统大选期间对政治人物言论的事实核查获得了普利策新闻国内报道奖。

自2013年起,PolitiFact参与创办了PunditFact项目。该项目核查公众人物的言论,包括专家学者、专栏作家、博客主、时

---

① "pants on fire"为英文俚语,直译为撒谎裤子就会着火,表示假得荒谬。

政分析家、主持人、脱口秀主持人和其他媒体从业人员等。

接下来,我们将为读者普及事实核查的方法。这些方法简单易学,无须任何高级计算机技能,为你配备火眼金睛。

第四节 事实核查技能:擦亮火眼金睛

早期的事实核查需要专业技能,例如查询文献判断记者所写是否属实,或回访采访对象验证报道中的事实。数字时代,飞速发展的计算机技术应用、互联网资源极大地便利了核查的展开,可使用定位工具、图片分析工具、数据取证技术等,每个人都可以接触到简单易行的核查工具。在信息鱼龙混杂的时代,身为数字公民,我们需要"武装"自己的工具箱,掌握基本核查方法,擦亮自己的火眼金睛。

一、确证三步走

面对网络信息,先要问:这是事实吗?接着要找到信息的来源,随后通过合适的工具核查。

(一)这是事实吗

核查的第一步是确证。这是事实吗?只有事实才可以被核查,观点无法核查,每个人都有表达自己观点的权利。但言论是可以核查的,言论经常掺杂了事实与观点。例如,"今天很热"是一个观点,表达了主观感受,不涉及任何公共议题,没有核查的价值。如果某位公众人物宣称,某地垃圾乱丢、遍地杂物,是一个不干净的场所。这句话掺杂了事实性论断(垃圾乱丢)和观点(不干净),可依据新闻价值判断展开核查。

(二)找到原始出处

开始核查后,先要找到信息的来源,即信息的原始出处。读者们可能都玩过"传话游戏",在这个古老的游戏中,一句话从第一个人传到最后一人,往往已面目全非。同理,信息经过各种加工、翻译、转载、处理,也会失真。找到出处才能判断信源的质量,从而进一步验证真伪。因此,想要靠近真相,不能在信息的下游闲逛,要找到信息最初的来源。例如,某条信息声称转自某国外媒体,可找到国外媒体网站,查询是否真的发布了此条信息,翻译过程中是否存在误读。

进一步考察信源是否可靠。一般而言,具有悠久历史的媒体机构会更珍视声誉,对内容生产也有较为严格的流程,有较高的可信度。为了更高效地甄别,可以建立一个可靠信息源列表,从熟悉的、专业的媒体机构开始,到不同领域的专业人士,这些信源可以帮助你更快锁定可靠信息。查找出处时,同时关注信息在上下游传递扩散时有没有出现什么变化,信息传播的过程本身就能够帮助你找到漏洞、分辨真伪。

(三)确证内容真伪

追溯到原始出处后,还应进一步查证信源信息的真实性。可从以下角度考察。

1. 检查信息要素是否齐全

信息要素交代得越完备,其真实性就越高。如果能完整交代谁(who)、何事(what)、何时(when)、何地(where)、何因(why)和如何(how),信息可靠性程度就比较高。

2. 信息来源是否交代明确

信息来源交代得越明确,就越具有可信度。例如,"哈佛大学教授称"的表述就较为模糊,哈佛大学教授数量庞大,如此称呼很难找到本人确证真实。"哈佛大学定量社会科学研究所长拉里金称"的表述就可信得多,可以找到本人确证是否所言不虚,或查询是否曾被援引。同时,还要考察信息来源是否有发言的资格,是否有足够的背景知识,是否处于权威地位。

二、玩转核查技术工具

数字时代,大量流传甚广的信息都带有多媒体内容,包括图片、视频、音频等。人们常认为眼见为实,其实不然,很多工具都可简便地裁剪图片、拼接音视频,多媒体内容造假似乎更为蛊惑人心。

查证多媒体内容也可依循文字核查的思路,先找到原始出处,即最早发布的版本,仔细审视多媒体内容中是否有地标建筑、门牌号、车牌号等标识信息,循迹判定拍摄地点。反复查阅发布者的历史记录,通过历史记录来判定他是否可能在现场。随后,查询其他信息,进行交叉检验,甚至可以通过天气来确定拍摄时间。英国广播公司在一则核查新闻中,曾依据影子长度判断视频拍摄时间。"道高一尺,魔高一丈",识别造假的工具也在进化。接下来,我们就教你玩转核查技术工具。

(一)查证图片真伪

1. 图片反向搜索

图6-7是一幅流传于社交媒体的图片,一只黄鼠狼骑在一只啄木鸟的背上,它们飞行在空中。能够拍下这幅画面实属罕见,拍摄者称,这只黄鼠狼正试图吃掉啄木鸟。

利用图片反向搜索技术,我们可以发现很多类似图片。图片反向搜索是基于图像检索查询,利用图片搜索图片的技术。百度、必应等多款搜索引擎都提供这种服务。用户将图片上传至搜索框,或直接粘贴图片网址,便可搜索到大量相关图片。随后,按时间由远及近排序,或按像素由大到小排序(图片转发过

图 6-7　社交媒体上流传的图片

程中会损失像素),用户可以找到图片最初的出处,对比后便可知晓图片是否被编辑过。

将图 6-7 上传至图片反向搜索引擎 TinEye(tineye.com),按时间顺序由远及近排序,我们可以找到原图及其链接。图片由马丁·勒梅(Martin Le-May)上传,拍摄地点为英国的埃塞克斯郡。随后,有媒体联系了发帖者本人,并报道了此事(见图 6-8)。

2. 图片元数据查询

图片文件中隐藏着同样有用的附加信息,其中最著名的是 EXIF 信息。EXIF 是"exchangeable image file"的缩写,意为可交换图像文件,它是为数码相机照片定制的元数据,可以记录数码照片的拍摄日期、拍摄器材、拍摄参数和 GPS 数据等属性信息。通过这些信息可以得出拍照日期和拍照地点,辅助判定与照片有关的宣称是否真实。一些在社交媒体上流传的照片删除了 EXIF 信息,需要通过反向搜索等方法判定真实。

网络上有很多图片元数据查询工具。我们使用了一款在线工具查询一张照片,查询出的信息如图 6-9 所示,对时间和地点两个重要信息做了标注。

第六讲　事实是神圣的：在数字时代求真　　123

图 6-8　BuzzFeed 对此事的报道（翻译后的页面）

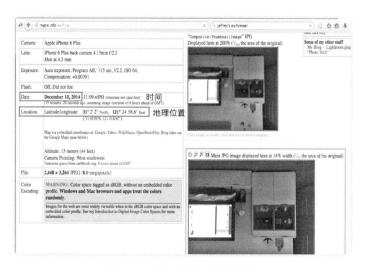

图 6-9　查询照片元数据结果

(二)查证视频真伪

视频移花接木或篡改语境是常见的造假方式,通过视频关键帧反搜的方法可以帮助鉴别视频真伪。帧通常指视频中的单个图像,视频由一系列连续的图像组成,这些图像以每秒数帧的速度播放以呈现动态效果。仔细检查关键帧的内容可寻找编辑痕迹,识别特定对象或事件。抓取视频中的关键帧图片,随后通过图片鉴定真伪的方法——反向搜索来寻找类似的视频内容,验证视频真实性。

视频核查工具 InVid 可自动识别并抓取视频中的关键帧。打开 InVid 网址(https://www.invid-project.eu/tools-and-services/invid-verification-plugin/),将其以插件形式安装至浏览器。随后,运行插件(见图 6-10),选择工具(Tools)—视频(Video)—关键帧(Keyframes)。接着,进入关键帧搜索页面,输入视频网址或上传视频,工具会自动抓取关键帧,随后进行图片反向搜索,可查询到与之有关的大量视频内容。InVid 还提供视频元数据提取、视频版权确认等功能。

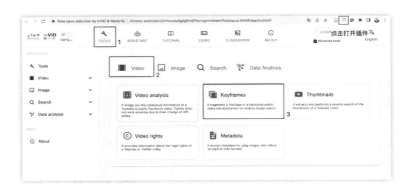

图 6-10 InVid 操作界面

(三) 查证数据真伪

本讲第三节提到核查公众人物言论的 PolitiFact 项目。该项目大量使用网络搜索和数据印证的核查方式，即通过公开的网络信息和可供查询的数据来印证公众人物的言论。

只需要一个搜索引擎，你也可以有效地过滤杂音，快速找到需要的信息。但泛泛地使用关键词查询并不足够，最好使用高级搜索功能进行查询。高级搜索提供了搜索的限定条件，例如查询特定网站，使用"site：网址"命令，查询词组使用双引号标示关键词，即"关键词名称"。如果我们想查询教育部"三公经费"开支，可以输入高级搜索命令：

site: moe.gov.cn "三公经费"

命令中空格前半部分限定了仅在教育部网站搜索，空格后为搜索词添加了双引号，表示仅显示完整词组的搜索结果。

也可以通过数据库查询信息，进行交叉印证。我们经常在网络上看到名人名句引用，如"鲁迅说过"等，为了验证鲁迅是否真的说过，鲁迅博物馆推出了在线检测系统，可查询鲁迅到底是否说过某句话。第五讲提到澎湃新闻揭露批量生产虚假信息的公众号的文章，澎湃新闻所使用的主要调查工具就是天眼查。这款工具链接至国家企业信用信息公示系统，可以查询各类企业的市场主体、股权结构等重要信息。

总之，要充分利用网络资源与公开资料进行对比核查，熟练使用社交媒体，做一个有火眼金睛的互联网"冲浪达人"。

(四) 核查案例：波士顿马拉松爆炸案社交媒体视频核查

接下来，我们通过一个完整的案例来学习如何充分调用社交媒体平台上的信息展开事实核查，即 Storyful 对 2013 年波士顿马拉松爆炸案社交媒体视频的核查。

Storyful 是一家成立于 2010 年的专注于社交媒体上突发事件

信息核查的网站,其创始人马克·利特尔(Mark Little)曾是爱尔兰广播电视台(RTÉ)王牌节目《黄金时段》(*Prime Time*)的主播。

2013年4月15日,第117届波士顿马拉松赛发生爆炸案。当日14时49分左右,两枚自制高压锅炸弹在马拉松终点线附近爆炸,造成3人死亡,包括一名8岁男童,还有200余人受伤,其中17人被截肢。

爆炸发生后不久,社交媒体上就出现了一段视频(见图6-11)。视频简介称,这是发布者的母亲在参加马拉松赛时录下来的。先需要联系发布者,确认视频内容,她是否在现场拍摄,是否还有更多视频作辅证。视频发布账号并非实名,过往也没有发布过内容,由此我们更需要核查视频的真伪。下文阐述了 Storyful 的核查过程。

图6-11 账号"NekoAngel3Wolf"发布在社交媒体上的马拉松爆炸案视频

波士顿马拉松是顶尖的马拉松赛事,重要赛事会有很多现场记者,既然发生了爆炸,一定有可靠的媒体对此进行报道。Storyful 找到了一名可靠的记者丹·兰帕里洛(Dan Lampariello),他驻扎在波士顿。他在社交媒体上推送了爆炸的信息(见图 6-12),上传了照片,分享了定位,在博伊斯顿街(Boylston Street)。

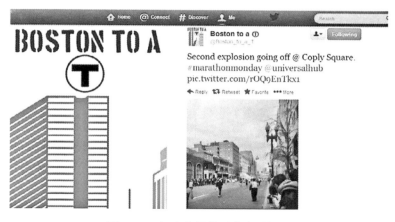

图 6-12　记者在爆炸后发布的推特

对比马拉松赛官方信息,该地确实在赛事路线中。将视频关键帧截图,与记者拍摄的照片和谷歌地图街景图片对比,可以发现视频中的建筑物确实在博伊斯顿街。这些信息倾向于支持视频的真实性,但仍需找到视频拍摄者本人做最终确认。

视频发布账号没有实名,没有个人简介,但在视频地址中有一段独特的代码"=WIAfyYQzZaM",相当于视频的"身份证"。用这串文本在不同社交媒体平台上搜索,找到了转发过该视频的推特账号,用户名为"Night Neko",注册名为"@NightNeko3",与视频发布账号对比,出现了相同的"neko"字符。继续用注册名在各平台上搜索,终于在社交媒体平台品趣(Pinterest)上找到了相关注册用户,并且显示了实名摩根·崔西(Morgan Treacy)。随后,在脸书上找到了摩根·崔西这个账号,通过地理位置、头像等查询,终于定位到美国纽约州的一位女士。

这位女士称视频来自参加马拉松赛的母亲。波士顿马拉松赛历史悠久,充分地记录了每位参赛者的信息。在赛事官网上搜索姓氏崔西(Treacy),找到了一位名叫詹妮弗·崔西(Jennifer Treacy)的女性跑者,年龄46岁,也来自美国纽约州。官网上记录了她通过重要节点的时间和配速(见图6-13),有关她的最后一条记录是当天下午通过了40千米处,但她没有通过终点。按照她的跑步配速计算,爆炸发生时她差不多跑到终点附近的博伊斯顿街,完全有可能在现场拍下这段爆炸视频。

图6-13 波士顿马拉松官网查询到的詹妮弗·崔西的信息与跑步数据

詹妮弗·崔西的亲友还在社交媒体上分享了她的马拉松进度。随后,Storyful联系上詹妮弗·崔西本人,了解到她已经把视频提交给警方。Storyful获取了这段视频的使用权,刊发了事实核查报道。这一切都运用互联网公开信息和社交媒体来完成，Storyful 仅用 10 分钟左右就完成了核查。

要点回顾

1. 区分谣言和假新闻。
2. 虚假信息为何泛滥？
3. 事实核查新闻的勃兴。
4. 事实核查技能。

思考题

1. 虚假信息泛滥是谁之过？
2. 有观点认为，事实核查不会起到以正视听的效果。因为会读事实核查新闻的人恰恰是分辨能力较强的人，他们本就不容易上当，而真正容易被骗的人不仅不看事实核查，更有可能从立场上就不相信事实核查。对此，你怎么看？

延伸阅读

1. 复数实验室：《看了 946 条辟谣信息，我们提炼出一些信息辨别方法》(2020 年 2 月 17 日)，澎湃新闻，https://m.thepaper.cn/newsDetail_forward_6035057。

2. 史书晓、王安迪、李晨晖、王蓼汀：《核查｜舌尖上的危险：牛奶、薯片等 20 余种常见"致癌"食物盘点》(2020 年 12 月 7 日)，微信公众号"NJU 核真录"，https://mp.weixin.qq.com/s/D-eGzE94CfvYbw56bdjyIw。

3. ［英］赫克托·麦克唐纳：《后真相时代：当真相被操纵、利用，我们该如何看、如何听、如何思考》，刘清山译，民主与建设出版社 2019 年版。

第七讲　大数据时代和被数据化的我们

知识导图

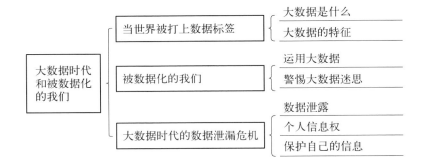

走在街头,二维码随处可见,每个二维码背后都储存了大量数据,如商品的生产日期、生产地、运输信息等。我们自身也好似行走的二维码,个人喜好、健康状况、消费习惯、生活习惯和社交关系等都通过电子数据的形式记录存储。这些数据就是我们在数字世界中留下的电子脚印。基于这些脚印能够准确地画出"数字人",整个世界都被打上了数据的"标签"。这就是我们所生活的大数据时代。大数据究竟是什么?它"大"在何处?大数据如何影响生活的方方面面?这正是本讲要回答的问题。

开篇思考：

【提问】如今，大数据专业正越来越成为大学志愿填报中炙手可热的"香饽饽"专业。你或你身边的同学、好友有对这个专业感兴趣的吗？你了解这个专业吗？

第一节 当世界被打上数据标签

这是个被数据包裹着的时代。我们在电子世界中的每一次点击都化为计算机能够识别并进行传输和分析的数据；当我们在家中与即呼即应的智能音箱对话时，这些"小爱同学""天猫精灵"也将我们的语音语调和谈话内容存为数据。特殊时期，存储了个人身份信息、健康数据的健康码是我们在现实世界的通行证。数据已成为支撑社会运转的重要基础设施。"数据"一词由来已久，人们为之欢呼的是"大数据"。加了一个"大"字会产生什么区别呢？

一、大数据是什么

顾名思义，大数据先要"大"，大是指数据量大，无法在容许的时间内用常规的软件工具处理的"数据集合"。有趣的是，多大才算大，却是动态变化的。最初，人们认为超过微软办公软件EXCEL的存储条数就是大数据。但EXCEL在不断扩容，2003年及之前的EXCEL版本最多可容纳65 536行数据。而2007年及之后的版本最多可容纳1 048 576行数据。

有研究机构从价值的角度界定，认为大数据是需要新处理模式才能具有更强的决策力、洞察发现力和流程优化能力的海量、高增长率和多样化的信息资产。社会科学研究者认为,大数据是痕迹数据汇集、存储和运用的并行化、在线化、生活化和社会化。虽然颇为拗口,但强调了痕迹。实时地网络化汇集、存储和运用人类行为的痕迹,就有了大数据。对大数据的分析、应用可能比你更懂你的心。

二、大数据的特征

IBM公司数据团队提出使用"四个V"界定大数据,即海量(volume)、高速(velocity)、多模态(variety)和价值(value)。罗伯·基钦(Rob Kitchen)将大数据的特征扩充到七个[1]。这些特征相互关联,共同界定了何为大数据。我们选择其中较为关键的特征展开。

(一) 海量

大数据之"大"先体现在量的庞大。一般而言,数据的最小/基本单位为比特(bit),按照进率1 024来计算,数据单位从小到大分别为bit、Byte、KB、MB、GB、TB、PB、EB、ZB、YB、BB、NB、DB。近年来,数据量呈现几何式增长。根据互联网数据中心(Internet Data Center,IDC)的研究,2024年全球数据总量预计达到159.2 ZB(1 ZB=10亿TB=1万亿GB),而到2028年,有望达到384.6 ZB,这是我们难以想象的浩瀚数据量,也不可能使用单台计算机对数据进行集中存储与集中处理,必须采取分布式架构。这使得大数据与云计算构成了某种程度上的共生依存关系。

(二) 高速动态产生

大数据中的"大"并不仅指数据的规模和体量,人口普查数

---

[1] Rob Kitchen, *The data revolution: Big data, open data, data infrastructure and their consequences*, London: Sage, 2014.

据量也较大,"大"还源于数据的高速动态产生,社交媒体数据就具有此特征。在 2021 年牛年的第一分钟,来自全球 69 个国家和地区的网友共发布了 1 374 668 条微博,而截至大年初五,♯陪你过年♯话题的阅读量达到 103 亿,讨论量超过 1 795 万,数据还在持续高速产生,不断刷新①。大数据动态增长、实时变化的特点意味着数据具有明显的时效性,同时要求较快的处理时间。在大数据面前,必须拥有实时处理数据的能力。

(三) 多模态

多模态指数据的形态多种多样,存在文本、音频、视频、图片等多种形态。数字时代,万物皆可数据化,使得大数据的数据来源更多,形态也更丰富。社交媒体数据就是典型的多模态数据,用户上传各式各样的文件,如图片、视频、文字、文本文件等,用户的点赞、分享、地理位置打卡等行为又产生了大量数据。这些五花八门的数据形态对数据存储和分析都提出了挑战。

(四) 价值大

大数据曾被称为 21 世纪的石油,蕴藏着无限的价值,但如何挖掘这种价值还有很多挑战。大数据的价值之"大"依赖于整体,如果将数据分散开,大数据的价值密度就较低。换言之,大数据的价值可以用"浪里淘沙却又弥足珍贵"来形容。这个特征与大数据的穷尽性密切相关。

(五) 穷尽性

大数据力求穷尽可以获取的全部数据,有时也被称作整体数据。例如,社交媒体平台会记录用户的全部行为数据。用户的每一次点击、每一次登录、每一个页面的浏览时间等数据全部被"记录

---

① 刘红:《微博新春用户行为报告:牛年第一分钟网友发布超 137 万条微博》(2021 年 2 月 23 日),https://www.sohu.com/a/452173404_120952561,最后浏览日期:2024 年 10 月 12 日。

在案",甚至还会关联到个人的其他账户,以更好地预测用户行为。

高速动态产生和穷尽性被认为是大数据最核心的特征,正是这两个特征才导致大数据具有海量和多模态等其他特征。

如今,大数据应用已遍布社会各个角落。在上班路上,及时向我们播报前方路况的手机软件是大数据在智慧交通中的应用;在网上购物时,首页出现极其符合自己喜好的心仪物品是大数据在精准营销中的应用;回到家中,即呼即应的智能音箱是大数据应用于物联网的典型;大数据医疗也在如火如荼地发展,预期可以实现预测疾病、预防疾病、精准医疗救助、语音识别制定医疗方案等功能,这是大数据在优化配置医疗资源、改善医疗健康方面的应用。

这些仅是大数据应用中的沧海一粟。在信息爆炸时代,人类每天制造的数据比从文明肇始到20世纪末的总和还要多。大数据带来的信息风暴正在革新我们的生活、工作与思维。

第二节 被数据化的我们

大数据来自每个个体,个体在数字时代留存下来的"数字脚印"(digital footprint)汇聚成了大数据。我们浏览各式各样的应用(App),它们记录我们的电话、聊天等沟通信息,记录我们运动的轨迹和历程,记录我们主要的活动地点,记录我们的消费偏好和消费能力。家中常见的智能音箱、愈来愈多的可穿戴式设备、随处可见的人脸识别设备,都将我们由内而外,甚至是"体无完肤"地数据化。这些数据并不是有目的性的、主动采集的,而是生活的"副产品"。在某种程度上,正是我们每个个体的被数据化,造就了大数据时代。

2009年,15名顶尖科学家在《科学》杂志(*Science*)上联名发

表一篇名为《计算社会科学》（Computational Social Science）的文章。文中详细论述了大数据在社会科学领域产生的作用，计算社会科学的诞生代表"一个利用收集和分析数据的能力来揭示个体和群体行为模式的领域正在出现"。大数据能够提供精准定位与大规模分析外的预测功能。大数据是 21 世纪创新和发展的重要资源。

一、运用大数据

大数据已被广泛应用于商业分析领域。沃尔玛超市在对消费者购物数据进行分析后发现，购买尿布的消费者有 30% 至 40% 的概率会同时购买啤酒。于是，沃尔玛超市将啤酒和尿布放在相邻的货架售卖，结果两类商品销售额大幅上涨。

另一个广为流传的大数据应用案例来自谷歌。2008 年，谷歌推出了一项新服务——流感趋势预测。研究发现，每年大约有 9 000 万名美国居民使用网络来搜索关于特殊疾病或者药物的信息，关于流感的搜索量可以及时地反映流感的现状。如果等待相关部门进行数据汇总和发布，则要延迟一至两个星期。谷歌汇集了与流感相关的搜索数据，将其与美国疾病控制与预防中心的历史流感数据进行匹配。然后，利用搜索数据来预测未来可能发生的情况。2008 年年初，关于流感的检索数量在谷歌趋势上飙升。两周后，美国疾病控制与预防中心报告称流感感染病例出现上升。随后，这个模型开始扩展至其他疾病预测和其他国家的流感预测。它也有失手的时候。不管你能否感知，大数据像一只"看不见的手"，为我们提供决策支持。

二、警惕大数据迷思

大数据在多个领域显示出相当大的潜能，改变了生产资料的组织方式，改变了以往的认知习惯。有研究者提出，大数据带来了认知革命。在认识、挖掘大数据潜能的同时,也要警惕对大数据的迷思,即对大数据的过度崇拜和追捧。

(一)整体,而非个体

大数据规模是海量的,但由于其价值密度较低,因此,其价值的发掘极其依赖整体数据。然而,对于整体的过度依赖,极有可能造成对于鲜活个体的忽视。

在用大数据解释事物的整体规律和未来趋势的同时,对于个体的描摹一样重要。2020年3月,财新发布了一则数据可视化作品《新冠逝者:献给疫情中逝去的生命》。作品通过众包的形式收集了因疫情而离开的逝者的生平和故事,用樱花花瓣代表每一位逝者。这则报道格外彰显生命价值,每个个体都值得纪念,带来非常强的情感震撼。正如这则作品中所提到的,"有的名字被传颂,更多名字被湮灭,他们必须都被记住"。

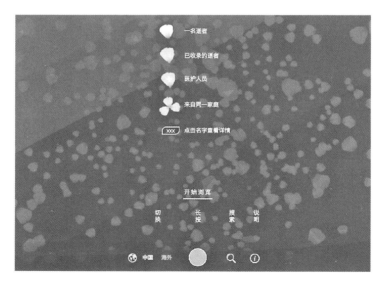

图 7-1 《新冠逝者:献给疫情中逝去的生命》中设计精巧的可视化界面

（二）混杂，而非精确

沉浸在大数据的海洋中，难免会产生"数据说了算"的迷思。从表面上看，基于海量数据分析后的判断与预测比个人判断更为客观和真实，但大数据预测的结果并不一定全部可靠。

谷歌流感趋势预测工具被证明是准确的和有效的，其未卜先知的能力常被视作大数据分析优势的明证。然而，学者对其追踪研究发现，在 108 周里，有 100 周的预测都高于流感发病率。失误的原因来自"大数据自大"（big data hubris）的倾向，即认为自己拥有的数据是总体，但使用谷歌搜索流感信息的人群总体和流感疫情涉及的人群总体并不是一个总体，由此总体推测彼总体便产生了误差，我们称之为"过度拟合"。

（三）相关，而非因果

人们日益依赖大数据分析来辅助决策，但使用结果时经常忘记大数据揭示的只是相关关系，切莫将其等同于因果关系。假设大数据显示，当冰激凌销量增加时，骨折发生率也会增加。这说明冰激凌销量与骨折发生率之间存在相关性，两者变化趋势相似。然而，这并不意味着多吃冰激凌会导致多发生骨折。实际上，这种相关性可能是由潜在的其他变量引起的，例如夏季冰激凌销量可能增加，人们也有可能参加更多户外活动，增加了骨折的风险。在这种情况下，冰激凌销量与骨折发生率之间的关联是间接的，而不是直接的因果关系。

数据本身也可能暗含结构，完全依赖大数据分析的结果，可能复制已经存在的不公或歧视。此外，大数据分析也对技能提出了较高的要求。数据本身是尚未被开采的资源，只有运用合适的手段和技术对数据进行采集、传输、存储、加工和利用后，这些资源才能发挥出应有的价值。因此，技术面向是大数据不可或缺的组成部分。大数据技术的体系庞大而繁杂。一般而言，通用化的大数据处理技术框架主要包括：数据采集与预处理、数据存储、数据清洗、数据查询分析、数据可视化。其中，基础的技术包括数据分布式存储、NoSQL 数据库、机器学习、并行计算等。

第三节　大数据时代的数据泄漏危机

"一切强大之物无不带有弊端。"大数据时代，数据愈发成为社会生产要素的一部分，个人信息、隐私数据等也成为炙手可热的资源。过度限制使用数据可能会延宕社会创新，而不加限制可能导致个人信息滥用。这正是大数据时代带来的新的社会问题，需要我们以创新思维解决危机。

一、数据泄露

大数据的汇集历经采集、存储、利用等多个环节，每个环节都可能面临数据泄露与伪造的风险。2020 年 1 月 30 日，化妆品巨头雅诗兰黛因为安全漏洞云而泄露了 4.4 亿条邮箱记录[①]。同年 5 月，淮安警方破获了一起贩卖公民个人信息案，涉及个人银行信息 5 万多条[②]。

这些数据泄露的，有的是账号信息，比如用户登录网上账号的相关信息、网上支付信息等；有的直接是身份信息，比如个人

---

① Davey Winder, "Estee Lauder database exposed: Customer data not involved"（11 Feburary 2020）, https://www.forbes.com/sites/daveywinder/2020/02/11/est, accessed on 11 October 2024.
② 陈洪杰:《又见黑产链:建行员工贩卖客户信息 5 万多条》（2020 年 5 月 20 日）, https://tech.sina.com.cn/it/2020-05-20/doc-iircuyvi3994884.shtml?cref=cj, 最后浏览日期:2024 年 10 月 11 日。

姓名、住址、学校、专业等信息。至于泄露原因，有的是安全漏洞，有的是黑客入侵或网络爬取，还有的是内部人员泄露，以及恶意 App 非法获取个人信息等。

有的数据获取手段非常隐蔽。2016 年美国总统大选期间，一家名为剑桥分析（Cambridge Analytica）的公司在未经允许的情况下收集了 5 000 万名脸书用户的数据，并将其用到政治广告中。剑桥分析公司市场总监声称公司曾受雇于特朗普竞选团队，也曾为英国脱欧推波助澜，并已将业务拓展到巴西、澳大利亚等地。脸书公司最终在舆论的压力下同意成立一个独立的隐私委员会，保护用户的数据安全。

二、个人信息权

作为个人信息的主体，个人要保护好自己的数据，要明确了解相关法律法规。中国对于个人信息保护作出了详细的规定。《中华人民共和国民法典》明确规定，自然人的个人信息受法律保护。任何组织或者个人需要获取他人个人信息的，应当依法取得并确保信息安全，不得非法收集、使用、加工、传输他人个人信息，不得非法买卖、提供或者公开他人个人信息。2021 年 8 月 20 日发布的《中华人民共和国个人信息保护法》对个人信息和敏感个人信息的处理以及个人在信息处理中的权利和义务都作出了更为详细的规定。

中国个人信息保护方面的法律愈加完善。但是，在目前的法律框架内，作为个人的我们如果想就个人信息权或隐私权被侵犯而寻求法律保护，代价仍是较大的。首先，我们需要找到责任主体，即谁侵犯了我们的权利；其次，我们要证明对方到底侵犯了什么权利、造成了什么损失，并且需要有直接的因果关系；更重要的是，我们还要花费巨额的时间成本和金钱成本。

值得注意的是,《中华人民共和国个人信息保护法》第六十九条明确规定,处理个人信息侵害个人信息权益造成损害,个人信息处理者不能证明自己没有过错的,应当承担损害赔偿等侵权责任。

一方面,法律很重要,我们需要用法律来制衡这些权力主体;另一方面,相关部门的事前监管很重要,要设立强制性标准并督促企业自律。更重要的是,我们每个人都应该重视自己的个人信息和隐私,并学会在侵权事件发生前就保护自己的个人信息。

三、保护自己的信息

> 反正大家信息都在泄露,也不少我一个吧。
> 我本身也不是什么大人物,泄露个人信息也没什么。

我们即使知道个人信息保护的重要性,却也常常冒出如上侥幸的想法,也常常因为"便捷"而让渡我们的个人信息。

在《今日简史:人类命运大议题》一书中,尤瓦尔·赫拉利(Yuval Harari)专辟一节讨论了"数字独裁"。他指出:大数据和人工智能技术使集中处理大量信息成为可能;机器学习在分析越多信息之后效果越好,所以人工智能可能会使集中式系统比分布式系统效率更高[1]。

一方面,人工智能技术能够高效处理大量信息,并且信息越集中,效率越高,这容易使资源和权力更集中的集权体制比分权体制更有效;另一方面,源于公众对于权利的自我让渡,并且很多时候,这种让渡完全是下意识的,就像我们打开手机一样自然。

---

[1] [以色列]尤瓦尔·赫拉利:《今日简史:人类命运大议题》,林俊宏译,中信出版集团2018年版,第58—64页。

什么是"让渡"？让渡具有"出让、让与、交付"的含义，通常被用于形容权利让渡、价值让渡等情况。2018年3月，百度董事长李彦宏在中国发展高层论坛上提到，中国人对隐私问题的态度更开放，相对来说没有那么敏感。如果他们愿意用隐私换取便利、安全或效率，在很多情况下，他们就愿意这样做。一时之间，李彦宏成为众矢之的。我们深究李彦宏成为众矢之的的原因，更多是出于他作为互联网公司CEO的身份，以及隐私被摆上了公共台面。但这确实是一种在中国社会中极其常见的情景。

在强调平台责任的同时，个人也可以更加谨慎地选择是否让渡自己的数据。例如，查阅手机中的隐私设定，关闭App追踪功能，限制App使用麦克风、地理位置信息和照片，减少地理位置打卡，谨慎地允许App使用相关个人数据。

我们下意识地认为以大数据为资源的人工智能比带有情绪的人更可信、更高效，于是，我们选择让渡，直到这套效率最大化的逻辑不断将人裹挟进技术的权力系统中，我们的一切特征成为这套系统计算的对象，用以进一步提高其效率和控制力。这就是尤瓦尔·赫拉利口中的"数据独裁"，听起来有些骇人，但它或许正在一步步成为现实。

要点回顾

1. 大数据的含义和特征。
2. 大数据的重要性和价值。
3. 大数据时代的数据危机。
4. 保护个人信息安全。

思考题

1. 如何在大数据时代保护个人信息安全？

2. 你认为数据是否是客观的？

延伸阅读

1. ［英］维克托·迈克尔-舍恩伯格、肯尼思·库克耶：《大数据时代：生活、工作与思维的大变革》，盛杨燕、周涛译，浙江人民出版社2013年版。

2. ［以色列］尤瓦尔·赫拉利：《今日简史：人类命运大议题》，林俊宏译，中信出版集团2018年版。

第八讲 被"算计"的生活：理解算法

知识导图

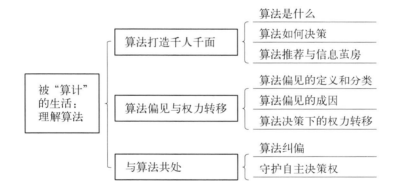

我们的日常生活中充斥着算法。打开购物应用，算法为我们推荐个性化商品；打开社交媒体应用，算法为我们推荐信息、电影、音乐。你可能觉得算法"很懂人心"，也很好用。它按喜好为你推荐，又进一步强化了喜好。你是否思考过，算法为什么这么懂你？一直被算法"投喂"，会有什么影响呢？本讲将拆解算法好用的原因、算法背后的价值观与偏见、算法可能引发的群体极化和信息茧房现象。理解算法是提高算法风险认知的第一步。

开篇思考:

【提问】你是否遇到过软件"杀熟"的情况?

【提问】在网上"冲浪"时,我们总能刷到自己当前关注的资讯,找到与自我认知相似的圈层……你是否认可这些大数据帮助我们记住,进而推送给我们的喜好?

第一节 算法打造千人千面

邀请好友和你一同打开同一款手机购物应用,搜索"课外辅导",看看你俩的搜索结果有何不同。个性化的搜索结果是因为购物应用都使用算法推荐来展示结果。算法推荐通过收集和分析用户数据,生成针对每个用户的定制内容,从而使每个用户在同一平台上看到的内容都不尽相同。我们称之为算法推荐带来的千人千面。

为用户推荐不同商品或许并无大碍,但如果我们用同样的关键词搜索时事信息,却得出千人千面的结果,又会有什么影响呢?想象我们坐在一张桌子上,却通过完全不同的窗口看到了不同的世界,由此积累不同的认知,彼此的沟通和理解都愈加困难,共识也更难达成。

算法已渗透到现代生活的各个角落,不管是困在"系统"里的外卖骑手,还是手机越贵、打车越贵的大数据"杀熟",抑或是让人无法自拔的社交媒体,算法都在通过各种各样的方式安排,甚至主导我们的生活。

算法究竟是什么?它如何影响我们的行为和社会生活?本节将尝试打开算法认知的"黑箱",一起破译缠绕在算法之上的层层密码。

一、算法是什么

我们已进入一个信息过载和冗余的时代,人们获取有效信息的难度较大。算法的出现实际上有助于提升信息获取效率,帮助人们快速选择信息并作出决策,并逐步接管了社会中的诸多事务。

算法是什么?它看不到、摸不着,甚至身处其中的算法工程师也很难说清道明。从词源来看,算法与数学、计算机科学密切相关。算法的英文为 algorithm,可溯源至 9 世纪,与波斯数学家穆罕默德·本·穆萨·阿尔·花剌子模(Muhammad ibn Muso al-Xorazmiy)名字的拉丁语写法(Algoritmi)相近。这位数学家因对代数基本运算方法的贡献而闻名。也有说法认为,算法一词源自 Algorism,是阿尔·花剌子模的拉丁文名字的变身。这是一个正式术语,指代阿拉伯十进制数字体系。阿尔·花剌子模帮助普及了十进制,并引入了零的概念。正因为与零的关联,20 世纪中叶计算机科学兴起时,采纳了 algorism(algorithm)指称计算机可以理解的指令系统。

简单来说,算法是解决某个问题的计算方法或步骤,例如"1+1=2"是一个最常见的算法。在计算机科学中,算法是一种技术,"可将输入转为输出的计算步骤序列",从而达到自动化决策的效果。目前,常见的算法包括计算、排序、分类、关联、过滤等,分别应用于光学字符识别、搜索引擎、人脸识别、知识图谱、推荐系统等场景。算法也是一套复杂的系统工程,依赖庞大的参数和模型框架运转。因此,算法常被描述为"黑箱",用户、生产者都难以全面理解算法的内部机制和决策过程。

二、算法如何决策

算法的运用是为了实现自动化决策。自动化决策与自然人决策相对,指通过计算机程序自动分析、评估并进行决策的活动。

我们以个性化推荐算法为例来解释其决策过程。实际上,每个人的信息接触行为都是个性化的,其背后有两种作用机制。

一种机制是由选择性接触带来的自我选择的个性化,即我们在接触信息的时候,更倾向于选择和自我既有立场、观点、态度一致或接近的信息。费斯廷格的认知失调理论能够用来解释选择性接触的心理机制,即不和谐的存在会促使人试图减少不和谐并达到和谐状态。例如,我们在寻找信息时,会主动寻找自己感兴趣、喜爱或者是与自己态度相一致的信息,与个人认知相互协调,从而达到"个人效用的最大化"。

另一种机制是个性化推荐算法,已被广泛用于信息分发领域。个性化推荐算法通过分析用户的行为和偏好,为用户画像,并将用户的喜好与相应信息相匹配,建立用户和信息的个性化关联机制。个性化推荐算法能有效提高平台的流量,如今日头条、天天快报、一点资讯等应用。凭借个性化推荐算法,平台不断汲取用户的注意力资源,扩大市场份额,蕴含"平台收益最大化"的逻辑。

三、算法推荐与信息茧房

当算法不断向你推荐符合你既有认知的信息时,你会感觉到认知协调的愉快,不会持续看到挑战既有认知的信息,生活在令人愉悦的信息世界。这个将你包裹起来的世界,可被称为你的信息茧房。

信息茧房是对个性化推荐算法最核心的忧虑。这个概念最早由哈佛大学法学院教授凯斯·桑斯坦(Cass Sunstein)在《信息乌托邦：众人如何生产知识》一书中提出，指"我们接触的信息只包含我们选择的、让我们感到舒适和愉悦的信息"。这是一个非常生动的词汇，表达了对当下信息环境的忧虑。当我们接触的信息越来越被过滤为我们所偏好的信息时，这些信息就像一条条细密的丝线一样将我们包裹住，我们被自身困在一个"茧房"之中，并且以为这就是外部世界。

热点资讯平台今日头条曾使用标语"你关心的，才是头条"，意味着选择性地接触自己喜欢的内容，这正是个性化推荐算法的最佳注脚。平台为了追求商业利益，并未考量社会效益。2017年9月，《人民日报》连发三篇评论，指出警惕算法可能带来的信息茧房等影响。随后，今日头条换了新标语"看见更大的世界"。这或许是在舆论的压力下平台所做的一次调适。

在构建健康信息环境的过程中，平台的责任不可忽视，不能一味强调算法的效率而不顾算法可能带来的其他影响。如果我们把数据比作食材，那么算法就是食谱，只有遵循食谱所设立的步骤和指令，按照要求筛选和搭配食材，才能做出指定口味的菜肴。按照指令做出来的是垃圾食品还是营养均衡的菜肴，算法发挥着重要作用。平台在进行个性化算法推荐的同时，也可以增加无差别分发的信息内容，以扩展用户的认知边界。

个体也应为自己的信息菜单负起责任。选择性接触机制意味着每个人都可能会回避与自己既有认知相左的信息，先要认识到自己的认知偏狭。此外，每个个体的信息接收路径都会受到身边的社交关系和较为有限的信息接触渠道的影响。多样化的信息获取渠道也有利于提供健康的信息菜肴。

除了影响信息菜单，算法还会影响很多决策过程，它的背后可能蕴含的偏见会引发其他伤害。对此，我们也需注意和警惕。

第二节　算法偏见与权力转移

算法的运行依赖于所获取的数据集和使用的算法框架。数据集是人类行为和活动的信息集合，为算法提供了必要的输入。算法框架则是用于处理数据、执行计算和生成结果的技术结构。前者带有人类社会的印记，后者则是人类设计的。因此，算法不可避免地带有人类社会隐含的价值观念。

美国一家新闻机构曾推出专题报道《机器偏见》(*Machine Bias*)，关注算法背后的偏见议题。报道称，美国佛罗里达州布劳沃德县的监狱系统使用算法评估刑满释放者再次犯罪的可能性。报道将算法评估的结果与两年后的实际犯罪情况进行了比较。结果显示，黑人常被算法赋以较高的再犯罪评分，高于实际值，而白人再次犯罪的可能性却被算法低估了。例如，在里韦利（Rivelli，图 8-1 左边人物）从 CVS（一家美国药店和保险巨头）偷东西并在车内携带海洛因被捕后，他被评为低风险。后来，他从家得宝商店偷走了价值 1 000 美元的工具。而在相似情况下，黑人较白人更易被认为是高风险人群。

人类社会中存在的偏见意识都有可能被算法习得。一位女性科学家发现，算法不仅习得了种族偏见，也展现出性别偏见。她在使用人脸识别软件时发现，软件无法识别她的存在，除非戴上一张白色面具。随后，她发起了相关研究，发现 IBM、微软和旷视 Face＋＋三家公司的人脸识别产品均存在不同程度的女性和深色皮肤歧视，对男性和浅色皮肤人群的识别正确率高于对女性和深色皮肤人群的识别率，最大差距可达 34.4％（见表 8-1）。

图 8-1　算法评估再次犯罪的可能性
资料来源：美国非营利新闻编辑部 ProPublica。

**表 8-1　三家不同公司的面部分类系统
在四个不同亚群上的准确性**

公司	性别分类				最大差距
	深肤色男性	深肤色女性	浅肤色男性	浅肤色女性	
Microsoft	94.0%	79.2%	100%	98.3%	20.8%
FACE++	99.3%	65.5%	99.2%	94.0%	33.8%
IBM	88.0%	65.3%	99.7%	92.9%	34.4%

资料来源：gendershades.org。

哪些情况属于算法偏见？造成算法偏见的原因有哪些？如何针对算法进行纠偏？正是本节要讨论的问题。

一、算法偏见的定义和分类

算法偏见指算法程序在处理数据或进行决策时表现出系统性偏差,导致对某些群体或个体的不公平对待。算法偏见有两种突出的表现类型:一是有损群体公平性或包容性的偏见,上述案例中算法带有的种族或性别歧视便是典型案例;二是有损个人利益的偏见,如各类大数据"杀熟"事件,不胜枚举。较为典型的是发生在2020年年底的售楼处人脸识别"杀熟"。客户进入售楼处时,即便戴着口罩,也能立刻被遍布售楼大厅的智能摄像头识别,打上"自然来访"或是"渠道用户"的标签,再根据不同用户类型制定购房价格。通过这种算法决策后,不同用户购买同一套房的差价可达到几十万元。

二、算法偏见的成因

造成算法偏见的原因不尽相同,有的是算法设计者有意而为之,有的是人类社会现有的不公与偏见的反映与放大。算法偏见的成因可被概括为三种:数据集结构性偏见、算法操纵和算法遮蔽。

(一)数据集结构性偏见

算法造成的群体性不公大多是因为算法所依赖的数据集具有结构性偏差。算法程序的设计需要输入数据,并对数据进行训练。如果数据集本身存在结构性偏差,或者数据集收集过程存在偏颇,导致偏离真实社会状态,就会产生算法偏见。前文提到的人脸识别软件存在的算法偏见,就是因为数据输入与训练过程中缺少女性和深色肤色人群的数据。这种偏见也映射出现实社会的权力结构。

在日常生活中,并不是每个人都能够成为数据的主体。受到地理因素、生活方式、经济条件等的影响,处于社会权力结构边缘的人群被更少地数据化,也会被算法系统性地遗漏。当社会的政治、经济、文化等决策越来越依赖算法时,边缘群体继续被算法边缘化,算法进一步加剧了不平等的现状。

算法设计过程的偏差同样会带来算法结果的偏见。例如,数据标签(分类)、噪声数据的处理、各种变量及其权重的设置,都可能体现设计者本身的偏见或局限。

(二)算法操纵

在一个媒体和代码无处不在的社会,权力越来越存在于算法之中。任何技术的发明或创新,其本质都是为了反映人的意志,为人类社会生活与政治理想服务,对算法的操纵也可以预期。

一方面,任何技术必然内嵌政治因素,并为现有的政治体系提供巩固权力和威望的手段。美国曾爆发的占领华尔街运动,是一系列最先发生在纽约的集会活动,参加者在社交媒体平台上使用话题标签,相关议题得到广泛讨论和转发,但任何热点趋势中都无法看到占领华尔街运动的话题。这是因为在热点排序算法背后,有人为操纵的身影。

另一方面,算法也是隐秘的商业手段,用于实现商业利益最大化。不管是大数据"杀熟",还是困在"系统"中的外卖骑手,持有偏见的算法寻找到最适合的规则,以实现资本利益的最大化。商业企业内部的文化价值观往往也会影响算法价值观。脸书作为社交媒体,注重友情、家庭优先的原则,在算法设计上就表现为不断为用户推送与其互动关系强的用户可能喜爱的信息。

(三)算法遮蔽

在算法的逻辑中,每个人在数字平台上的行为都是可以量化且有迹可循的。然而,现实生活中用户在浏览信息时的不确定性和随机性使得定量的算法在反映客观世界时会产生偏见。在算法设计过程中,原本期望使用算法准确识别用户需求以精准推荐,却有可能造成算法对于用户使用数据的误读而导致个性化推荐的失灵。例如,常见的"点赞""收藏""转发"等社交手势事实上简化了用户的情感态度和价值立场,仅仅基于量化的用户行为数据极有可能造成决策上的片面与偏见。

对个人数据信息的过度分析也为偏见和歧视提供了可行性。以人脸识别技术为例,美国斯坦福大学的研究人员设计了一款名为"图网轮盘"的照片识别工具网站,用户只需将自拍照上传至该网站,该网站的算法即可对照片中的人脸进行分析,并给出文字描述,为照片贴上"失败者""书呆子""工作狂"等标签。

三、算法决策下的权力转移

当我们享受算法带来的便利生活时,伴随而来的消极后果也是显而易见的。一方面,无论是出于政治因素、商业利益还是无意识错误,算法会有意无意地制造、放大社会偏见;另一方面,当我们习惯算法为我们作出的一步步自动化决策后,我们也习惯一步步放弃我们的自主决策权,甚至沦为"机器的附庸"。

算法决策提高了效率,但更可怕的影响是我们心甘情愿地放弃人类最重要的思考和决策的权利。我们今天要不要出门?准备去哪里吃饭?路线是什么样的?星座软件告诉"我"今天要不要出门;本地生活软件给"我"推荐附近的餐馆;地图软件告诉"我"路线如何行进。我们手中的权利和责任也在不断向机器转移。机器为我们作出的决策越来越广泛,从升学到结婚……某种意义上说,我们甚至变成了算法决策的"傀儡",丧失掉生活的自主权。

更重要的是，当算法应用于更多可常规认知的工作时，人类与机器算法在工作劳动中的地位也随之发生变化。工业革命带来了一个大规模机器生产的时代，就像马克思在《资本论》中写道：

> 在工场手工业中，工人是一个活机构的肢体。在工厂中，死机构独立于工人而存在，工人被当作活的附属物并入死机构。

在算法社会中，机器愈发常见地成为真正的行动者，而人变成一个"机器物"，在机器后从事被自由话语遮蔽的"幽灵工作"。例如被机器困住的外卖骑手，算法决定派单逻辑，决定行进路线，即使是逆行也要骑手"勇往直前"。

第三节　与算法共处

面对算法的自动化决策，个人如何夺回生活的自主权呢？我们如何与算法社会和谐共处呢？在认识算法偏见的存在和成因之后，需要个人展开积极行动。

一、算法纠偏

当算法的广泛利用放大偏见时，人类也在找寻算法纠偏的路径。算法纠偏从来都不能仅依靠一方的力量，多方协作才是应对算法风险的必要之举。

提供算法服务的企业应担起责任。近年来，在全球范围内，一些科技公司纷纷发布检查算法偏差的工具。为检查算法的公平性，IBM 公司推出人工智能公正性 360（AI Fairness 360）开源工具包，推出 30 余个公平性指标，检查在面部识别、信用平衡等领域可能存在的算法偏见，并给出算法调整策略。在算法本身的运作机制之外，有的企业开始注重对于原有数据集的扩展和训练。2018 年，微软公司修改并扩展了用于面部识别的数据集，调整了面部肤色、性别、年龄等在数据集分类器中的占比。调整后的算法对女性面部识别的误差率下降了 90%。2020 年 6 月，IBM 公司宣布不再向美国警方提供人脸识别技术服务，以反对和避免种族歧视和大规模监视的展开。

值得注意的是，从长远来看，以上举措都是科技公司为了改善业务、承担社会责任、维护企业形象的权衡选择。当算法网络愈发渗入我们的生活之中，其产生的后果有时是难以预料的。因此，立法部门针对算法进行立法，相关部门对算法进行事前监管，也是必要之举。

2021 年 8 月 20 日，十三届全国人大常委会第三十次会议表决通过《中华人民共和国个人信息保护法》。该法律自 2021 年 11 月 1 日起施行。这无疑是大数据算法时代个人信息保护的一座里程碑。法律明确对算法自动化决策作出了界定，也是对社会上各类"大数据杀熟"等算法问题的有力纠偏。针对自动化决策，法律作出以下规定。

在第二十四条中写道：

> 个人信息处理者利用个人信息进行自动化决策，应当保证决策的透明度和结果公平、公正，不得对个人在交易价格等交易条件上实行不合理的差别待遇。
>
> 通过自动化决策方式向个人进行信息推送、商业营销，应当同时提供不针对其个人特征的选项，或者向个人提供

便捷的拒绝方式。

通过自动化决策方式作出对个人权益有重大影响的决定，个人有权要求个人信息处理者予以说明，并有权拒绝个人信息处理者仅通过自动化决策的方式作出决定。

对算法的监督也开始成为媒体的日常报道内容。在算法权力日益扩张的当下，新闻媒体发挥着把关人的作用，对算法世界展开监督，并开辟出一种新的报道题材——算法责任报道。

《人物》特稿《外卖骑手，困在系统里》一时间传遍网络，文章探讨了平台系统对骑手的压迫，反思外卖配送算法下存在的系统困境，迫使商业公司作出兼顾商业利益和社会责任的算法决策。从2021年2月起，澎湃新闻《美数课》栏目推出有关算法祛魅的系列策划，力图打开算法的"黑箱"，提高公众的认知，激发公众的讨论与反思。

二、守护自主决策权

不可否认，算法决策为我们的日常生活带来了诸多便捷，同时，也对人类生存的基本逻辑发出挑战。面对机器算法，我们需要更努力地理解和坚持人类思维运作的基本模式，积极运用并开发人类意识和思维。例如，当面对网络上的各类推荐信息时，我们应当努力克服既有的阅读行为习惯，在感兴趣的信息之外，多接触公共利益与时政相关的信息。我们需要牢记的是：人类发展科技最终是为了人类福祉和公共利益。

你必须更好地了解你自己，你就有更好的能力保留自己的本色，保留自己的决策权。

——尤瓦尔·赫拉利

要点回顾

1. 算法是什么？
2. 算法偏见的定义、分类和成因。
3. 算法纠偏和自主决策权的守护。

思考题

1. 你认为算法是中立的吗？
2. AI 写作、AI 绘画、AI 聊天……随着生成内容式人工智能技术的应用场景愈发广泛，作家、设计师等岗位上的人们会面临失业吗？你如何看待这种技术革新？

延伸阅读

清华大学新闻与传播学院智媒研究中心：《算法治理与发展：以人为本，科技向善》(2020 年 12 月 4 日)，微信公众号"清华传媒评论"，https://mp.weixin.qq.com/s/dou1VbTNdwX6C20R1b5YQw。

第三部分

媒介如何
让人上瘾

第九讲　消费神话：无处不在的广告

知识导图

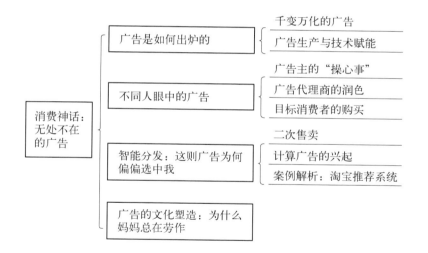

无论是从黄金时代走出的经典电视广告"今年过节不收礼，收礼只收脑白金"，还是创造味觉和听觉双重记忆的"农夫山泉有点甜"，几十年来，广告凭借一双"通天眼"，洞见消费者心理，缔造无数消费神话。

当你走到摆满商品的超市货架前，有没有想过是什么驱使你拿下那个品牌、那个包装、那件商品？当你刷着淘宝，手指不停地上滑、加入购物车时，有没有想过为什么它总能精准推荐让你心动的商品？媒介技术的发展使得触目可及全是广告，我们的感官始终浸润在各类广告之中。数字时代，广告将给我们带来关于认知、消费、娱乐的又一次重构。

本讲将从广告的生产开始，进一步解释广告的形态演进、数字时代广告的智能分发，以及广告如何诱导消费并塑造消费文化。在无孔不入的诱惑面前，我们尤其需要培养对广告的认知能力、分析能力和批判能力。

开篇思考：

【提问】让你印象最深的广告是什么？
【提问】你觉得自己平时的购买行为有受到广告的影响吗？
【提问】淘宝给你推荐的商品，你有多大可能购买？

第一节 广告是如何出炉的

我们先想象以下场景。早晨六点，你从家里出发，准备赶上那趟前往学校的公交车。下电梯时，在这个一平方米左右的空间里，正播放某家具公司的视频广告，主人公常常是一对夫妇和他们的孩子。在公交站台候车时，站台的背景板上刚刚更换了一批明星代言，里面恰好有你喜欢的那位帅哥，你对他手上拿着的那瓶饮料也多看了两眼；路边的灯箱、旗帜被清晨的风吹得吱呀作响，若隐若现的是某卖场的年中促销信息。不一会儿，公交车停下，你匆匆挤了上去。公交车里的小电视也算是老朋友了，今天放的是某个培训机构老师的采访。坐在隔壁的叔叔正刷着抖音,熟悉的背景音乐让你忍不住瞄了两眼,好像和爸爸昨晚看的差不了多少。刚想打个瞌睡,公交车到站了,你的注意力终于要从令人眼花缭乱的花花世界被打包进熟悉的课堂中。

广告嵌入你的生活的角角落落,电梯楼宇广告、户外灯箱广告、视频广告、电视广告、社交媒体广告……在你看得见和看不见的地方,广告无处不在。

数字技术使得广告日益成为一个多面体,它的生产过程、分发过程正发生彻底的革新。这个革新不仅为广告注入新的可能性,也为我们的认知、消费、娱乐生活带来了翻天覆地的变化。

一、千变万化的广告

广告,即广而告之。这四个字简洁地表明广告作为一种社会生产方式,是通过向特定群体广泛传播信息来实现的。同时,它也忽略了广告不仅停留在告知,广告是通过与受众进行交流互动,从而使受众发生认知、情感和行为上的改变。广告常常以"润物细无声"的方式说服我们,以至于我们甚至没有感受到这个过程。要理解它的效用,先要识别千万变化的广告形态。

(一)媒体广告

广告嫁接于媒体。根据媒介载体,广告可以分为印刷广告、广播广告、电视广告、电影广告、实体广告、互联网广告。

十多年前,在"媒体≈电视+报纸"的时代,电视广告和印刷广告是广告的代表形态。随着传统媒体式微,依附于媒体的印刷广告、广播广告、电视广告一度被"唱衰",同时,互联网广告异军突起,占据广告行业的半壁江山。实体广告,尤其以电梯楼宇广告为代表,尽管经历了传统媒体、新媒体的变革,却以其牢固的"实物资产"屹立不倒。

在选择不同的广告载体时,不仅需要考虑目标消费者群体的媒介使用习惯,还要结合产品或服务的特性。例如,面向青少年的商品应优先选择网络或社交媒体平台投放广告。

(二)属性广告

以广告目的为划分标准,广告可以分为商业广告和公益广告。其中,商业广告依据其短期与长期沟通目标,又可分为品牌形象广告和商品销售广告。

商业广告中通常有明确的广告品牌、广告商品信息,通过广告内容与其消费者展开沟通,从而实现短期或长期的利益转化。尽管当下的广告呈现出越来越"软"的趋势,甚至有时候难以从形式上分辨是广告与否,但根据广告目的能够相对明确地判断出该广告的属性。

哔哩哔哩于2020年5月4日(五四青年节)发布的《后浪》系列广告片,就是一则典型的品牌形象广告。该广告邀请国家一级演员何冰展开一场献给青年人的演讲,传达出"和1.3亿B站年轻人一起,表达自我,拥抱世界"这一沟通目标。从以下截取的文案中可以看出,《后浪》围绕期待青年人奔涌于时代浪潮的主题,同时将"值得干杯"这一有品牌联系的动作融入其中。尽管全片没有鲜明的品牌植入,但无疑是一个为塑造哔哩哔哩品牌形象而打造的宣传片。

> 人与人之间的壁垒被打破,你们只凭相同的爱好,就能结交千万个值得干杯的朋友,你们拥有了,我们曾经梦寐以求的权利——选择的权利,你所热爱的就是你的生活,你们有幸遇见这样的时代;但是时代更有幸,遇见这样的你们。

公益广告一般由具有公共服务性质的主体发布,如政府部门、非营利组织等。公益主题包括尊老爱幼、保护环境、无偿献血等与公众利益相关的社会议题。广告主通过更生动的沟通方式,期待与公众达成有利于公序良俗建设的一致行动目标。商业主体并未完全被排除在公益广告之外,不少企业通过展示某些与产品、服务相关的社会议题来表明自身的社会责任意识:不仅从经营中获利,而且发挥该品牌在社会问题中的推进和解决作用。

(三)创新的广告形态

随着数字时代的到来,广告被赋予更多创新的可能。在强调用户体验的当下,一味地"你说我听"式的广告逐渐被阻拦在以用户为中心的新媒体环境之外。于是,隐蔽性、体验度、价值感成为对广告新的要求。作为用户的我们,是否清晰地意识到这一变化?

尽管在广告生产者的思维中,用户被推崇到所谓的"中心地位",但实际上,用户的好恶被转化为一串数据,反映商业利润的起伏。在新的关系对峙中,我们看似被更好地服务,其实也在被更精确地计算。因此,了解创新的广告形态,有助于我们在未知面前提前建立一道过滤墙,提前刻画原本看似自然的广告手段,拥有"穿墙而入"的思维。

1. 原生广告

或许你不知道什么叫原生广告,但你一定见过原生广告。在朋友圈(见图9-1)里、在QQ空间(见图9-2)里、在短视频中、在新闻推送中……那些完美融合进页面设计的广告形式,就是原生广告的模样。原生广告不仅要求内容风格、设计形式与原使用页面一致,还要求符合用户的行为习惯,使品牌内容成为对用户有用的信息,不破坏用户体验,从而实现广告的原生化。在手机端的浏览页面中,原生广告又称信息流广告。

图 9-1　微信朋友圈信息流广告　　图 9-2　QQ 空间信息流广告

2. 植入式广告

如果说原生广告强调巧妙的融合,那么创意中插入广告或称植入式广告正是得益于创意和剧情成为收割消费者注意力的新宠。植入式广告常见于网络剧(见图 9-3),具体指沿用剧中人物形象、性格、关系、道具等,打造主线剧情外的番外小剧场广告。与原剧一脉相承的人物与场景,脑洞大开的剧情设计,常常

图 9-3　古装剧《楚乔传》植入式广告

使得观众无法及时对其广告属性作出判断,从而达到"植入细无声"的效果。

二、广告生产与技术赋能

走进广告的"后厨",我们一起来探究广告是如何生产出来的。无论是何种广告,其生产的原则都是牢牢把握消费者心理。数字时代,飞速发展的技术又为广告生产提供了新的可能性。

如图9-4所示,广告生产包含在广告传播链条之中。一条完整的广告传播链从广告调查开始,以广告效果收尾,完成对目标受众注意力和购买力的调动。

图9-4 广告生产与传播链条

(一)广告调查

广告调查是了解品牌与受众的基础。不仅需要对所展示的产品特点展开充分的挖掘,还要对广告的目标受众展开画像描摹(包括性别、年龄、收入、学历、媒介使用习惯、生活习惯等),最后将产品特性与受众需求匹配。在这个环节中,作为消费者的我们会被细化成一条条指标,为与产品的合拍埋下前奏。

(二) 广告策划

广告策划是制定广告策略和创意构思的过程,以达到宣传产品、服务或品牌的目的,决定了广告创意与表现的方向,是传播的落脚点。例如,选择鲜明的广告语或使用视觉、听觉刺激来表达广告主题,从而让消费者印象深刻。

(三) 广告创意与表现

广告创意与表现是通过丰富的平面、视频等手段对广告信息进行处理。简单地说,就是包装卖点,强化吸引力和记忆点。在数字技术的帮助下,广告创意与表现日益智能化。以平面设计广告为例,阿里巴巴的智能 AI 机器人鲁班每秒能够完成 8 000 张海报设计(见图 9-5),从而匹配每年双十一等购物潮的视觉呈现需求,这是人类的设计速度远不能及的。

图 9-5　由 AI 机器人鲁班制作的条幅广告

(四) 广告媒体

广告媒体指广告的投放渠道。广告媒体之所以重要,是因为媒体是触达目标消费群体的展示平台。一则广告能否被看见、什么时候被看见,都由媒介选择、媒介排期所掌握。第三节会对广告的投放、分发过程展开更细致的阐述。

(五) 广告受众与消费者

广告受众与消费者是广告信息的接收者。我们区分了广告受众与消费者,两者之间是有交叉的,消费者数量体现了广告对于销售的转化力。广告的落脚点是消费者。如果我们聚焦通常意义上的商业广告,其根本目的就是将广告受众与目标消费者群体转化为品牌的受众与目标群体。

(六) 广告效果

广告效果是对广告目标是否达成的衡量结果。尽管广告效果的测量并不直观表现在广告生产过程中,但事实上,对千人成本(某媒体触达1 000名受众所花费的成本)、曝光量、销售转化率等量化指标的测量,能够反哺于下一次的广告生产流程,从而制定出更为高效的广告方案。

第二节 不同人眼中的广告

广告的生产是一项集体劳动,不同的岗位有不同的角色和分工。让我们从以下问题开始,思考一则广告从需求到实现、从制作到分发,其中究竟隐藏着多少角色,消费者又在哪里。

问题1:谁应该为一则广告付费?谁来制作广告?

问题2:谁是目标消费者?看到广告的就是目标消费者吗?

厘清广告中包含的不同主体、广告对于不同主体的意义和价值,有助于我们从多个角度真正理解广告的本质。从广告主的视角,我们看到的广告是与产品销售、品牌美誉度等目标紧密相连的;从广告代理商的视角,广告饱含创意,是沟通广告主和消费者的桥梁；从目标消费者的视角，广告撬动注意力，将注意力转化为购买力。

一、广告主的"操心事"

无论是哪种形态的广告都需要付出相应的制作成本，用于内容制作、人工费用、媒介投放等。这些制作成本的承担者就是广告主。广告主指为了推广商品、提供服务，自行发起或委托他人开展广告活动的单位或个人，可以是一个公司、一个品牌，甚至是一个国家或者一个个体。

很多时候，一则广告背后的广告主的性质，是判断其广告目的的直接标准。2017年，一则名为《世界再大，大不过一盘番茄炒蛋》（见图9-6）的视频广告在各大社交网络刷屏。该视频讲述了独自留学在外的男主人公不会做番茄炒蛋，第一时间想到发微信向父母请教。由于时差，父母收到消息时已然是半夜，却依然起床给孩子录制视频，教他如何做出一道番茄炒蛋。

(a)

(b)

图 9-6 《世界再大,大不过一盘番茄炒蛋》广告片截图

故事暖心、感人,网络上的评论褒贬不一,不少人认可其中的情感价值,广告主因此而获得极大的品牌曝光。这个视频的广告主是一家银行,这则广告是为了推广留学生信用卡。对于广告主的判别,一定程度上能够帮助消费者理解广告的意图,判断其价值,从而更理性地消费。

广告主最关心的莫过于花的钱是否值得,即衡量花费与收效。在广告营销行业有一个著名的"哥德巴赫猜想":我知道我的广告费有一半浪费了,但遗憾的是,我不知道是哪一半浪费了。这句经典名言由约翰·沃纳梅克(John Wanamaker)提出。他是一名美国商人,被称为"百货商店之父",也是第一个投放现代广告的商人,即广告主。在媒体广告时代,我们确实很难知晓广告投放的精准成效,但数字技术正在弥补这一遗憾,广告投放日益精准化。

二、广告代理商的润色

广告代理商,即广告公司,是由广告创作人员和经营管理人员组成的,能够为广告主制订广告计划、进行商业宣传、制作广告和提供其他营销工具的独立性机构。除部分公司内部有独立的营销部门能够自行开展广告活动,大多数公司选择将广告业务外包给广告代理商这一专业机构负责策划与执行,所谓"专业的人做专业的事"。

早在一百多年前,代理广告的形式就已经兴起。鸦片战争后,报纸作为早期商业广告最重要的载体,在中国各大通商口岸逐渐推广开来。例如,1853年创办于香港的《遐迩贯珍》开辟《布告篇》专栏,刊载轮船时刻表、商业资讯和广告。在报纸广告鼎盛发展的时期,出现了一类被称为"媒介掮客"的群体,他们负责购买和承揽媒体的版面,再将之出售给广告主以赚取其中的差价。这就是广告代理商最早的形式。

发展至今,广告代理商的业务范围远远不止于媒介购买,依据不同的服务定位,还包括广告调查、策划、分发、效果研究等,几乎覆盖广告生产的所有环节。各类数字化的广告代理、广告投放平台应运而生。广告代理商面临从纸媒时代、电视时代再到互联网时代的内容与职能的双重转型,也始终是广告市场中的核心生产力。绝佳的广告创意深入人心,品牌价值不断拓展,其背后大都凝结着某个广告代理商的智力结晶。

在广告主与广告代理商之间,可能基于良好的广告效果达成长期稳定的合作关系。此时,广告代理商就会成为品牌的"传声筒",通过有创意的故事、理念和表现手法,传达更加连贯、统一的品牌性格。国内家电市场中有一家本土品牌,从油烟机到洗碗机,产品业务线较长,其"因爱伟大"的品牌调性被植入品牌基因之中。这离不开广告的创意支持,《油烟情书》《妈妈的时间机器》等系列广告提升了品牌的市场价值。

三、目标消费者的购买

身处市场交易链条中的每一个人,都有可能是不同品牌的目标消费者群体。目标消费者的英文更加形象地描画了何为目标消费者——target consumer,"target"即有目标、靶子之义。无论一则广告多么别出心裁、夺人眼球,只有能够正中靶心、提高目标消费者对于品牌的好感度和购买欲的广告才是一则有效的广告。

对于目标消费者的准确定位是达成广告效果的关键。在"流量为王"的时代,品牌的曝光量不等于有效的购买与转化。换言之,尽管很多人看了这个品牌的广告,实际付诸消费行动的却可能只是寥寥而已。这个问题的核心在于,广告所触达的受众是不想购买或者没有能力购买的人群。

广告生产中一般通过人口统计学维度刻画目标消费者画像,比如年龄、性别、教育背景、所在地、收入水平、社会阶层、消费习惯等。某个中高端彩妆品牌的目标消费者定位可能是:女性,20—30岁,居住在上海,拥有硕士学位,月收入8 000—10 000元,对时尚和美妆充满热情。

如果将相关产品不断推送给男性群体、未成年群体,可能未必有效,虽然男性也可能购买,但实际上付出的广告成本相比收益可能更为高昂。不具备良好消费能力的中学生,能否被视为目标消费者呢?应当明确的是,目标消费者是基于卖方的品牌定位和产品特点而言的。有高消费的产品,自然也有平价产品。消费水平是影响因素之一,却不属于决定性因素。这里引出了另一个关键问题:消费者与使用者之间是不是一定相同?

以中学阶段的教育类产品为例,各类补习机构、教育软件所面对的产品使用者其实是学生,但学生并不拥有自主的消费决策能力,家长是付费的消费者。尽管使用者是学生,消费者却是父母,只有得到家长的认可,该产品的价值才能够实现,才有消费行为。因此,在这类产品中,既要满足使用者的需求,也要满足消费者购买的冲动需求,两者集合成为品牌的目标消费群体。

第三节　智能分发:这则广告为何偏偏选中我

广告主为广告制作付费,当广告触达目标群体,消费者进行购买,最终是消费者实现了广告转化,正所谓"羊毛出在羊身上"。这也是传统广告中二次售卖的逻辑。

什么是二次售卖?如果说传统广告遵循二次售卖,当下是否发生了变化?广告主与消费者之间隔着的究竟是单面镜还是透视镜?为什么有时候我们常常感到被广告推荐的内容"监视"?在使用购物软件时,为何系统推荐总能猜中我们的喜好?为什么这则广告偏偏选中了我?

有了上一节的知识基础,我们容易联想到,作为某些品牌、产品的目标消费者,"我"的特征是被品牌关注和识别的。我们将广告到达消费者的过程称为广告分发。数字时代,分发变得越来越智能。

一、二次售卖

回顾纸媒和电视蓬勃发展的时代,一份报纸几元钱甚至几毛钱的定价要远远低于它的生产成本,除了发行量极大的少数机构,大多数报纸实际上依赖广告生存。

我们在第五讲讲解过二次售卖,即媒体机构先将产品(如报纸、电视节目等)以低价或无偿的形式卖给消费者,再将消费者的时间或注意力卖给广告主。通过报纸上的广告版面,向广告主出售发行量背后庞大的消费者注意力资源,通过广告来交叉补贴新闻的生产,从而实现盈利。一份报纸的发行量越大,注意力资源就越多,二次售卖的价格也就越高,广告收入也就越丰厚。在第二次售卖中,消费者的注意力成为一种商品,具有交易的价值。

但吊诡的是,最受广告主青睐、最具广告(或市场)投资价值的媒体常常不是收视率或发行量最大的媒体。发行量大反倒会成为拖累。

有学者提出了"影响力经济"的概念,即"传媒影响力的本质特征在于它为受众的社会认知、社会判断、社会决策和社会行为所打上的'渠道烙印'"[①]。更通俗地理解,媒体具有的影响力在于它能够在多大程度上影响目标受众,而目标受众又在多大程度上进一步影响社会进程、社会决策、市场消费和人们的社会行为。换言之,媒体的影响力不在于影响人群的数量,而在于影响"有影响力的人"。

不可否认的是,对于广告而言,影响力是比注意力更具价值的资源。如果在某个媒体上投放的广告,不仅能够被品牌的潜在消费者注意,更能够影响消费者的购买决策、消费行为和人际分享行为等,这不正是广告主所期待的价值吗?

数字时代,计算广告的兴起使得原本看不到的广告花费、不知道是谁的受众群体都逐渐变得清晰起来。广告主与其目标消

---

① 喻国明:《影响力经济——对传媒产业本质的一种诠释》,《现代传播(中国传媒大学学报)》2003年第1期,第1—3页。

费者之间,从一面投射销售目标的单面镜,逐渐转化成一面能够匹配需求和供给的透视镜。人们的网络行为、购买行为也逐渐被打上了电子标签,不断地数字化、透明化。

二、计算广告的兴起

有效的广告基于对消费者的透彻了解和精准投放,数字技术为广告提供了精准化的工具。如今,最了解消费者行为的可能不是消费者自己,而是平台、系统、程序和算法。这也是为什么我们常常感觉正要买东西时就看到了这个物品的广告,计算广告精准套住了我们。

计算广告就是为给定情景下的用户找到一个最合适的广告,以实现最优匹配。计算广告的首要目的是最优,不仅包含精准的消费者定位,还暗含对广告效果、广告成本的考量。如果能够在广告的分发过程中实现"一个萝卜一个坑",就不需要花费大量的"找坑"成本,过去"广撒网、多捕鱼"的广告分发模式也就不那么经济了。

例如,在传统的网络广告交易中,广告主们为购买广告位付出成本。假设一个珠宝广告主花了 60 元买了 10 次网络浏览的展示,浏览网页的其实都是特征未知的用户,其中可能只有 5 个人对珠宝感兴趣,另外 5 个人对家电、美食或其他领域感兴趣。如此一来,珠宝广告主就浪费了一半的广告费,而面向另外 5 个不同喜好用户的广告展示如果用于对应领域的广告主,总体效率才是最优的。

计算广告以数据为基础,以算法为手段,以用户为中心,是一种智能营销方式;利用实时高效的数据分析,进行用户场景画像,并且快速投放、精准匹配和优化用户一系列需求。基于大数据分析,计算广告能够更精准地分析用户行为;传感器技术能够实现物品与物品、人与物品、人与人之间的互联互动；移动支付使交易行为与信息传播过程结合在一起。当前计算广告的典型应用表现在程序化购买上，帮助广告主花更少的钱覆盖更广的目标消费群体。程序化购买的运作模式是实时竞价模式，每个用户、每次浏览都可以实时进行广告位的竞价展示，由此保障了每个广告都能找到合适的目标消费者。

接下来，我们将以淘宝的购物推荐系统为例，揭开数字广告的多重面纱。

三、案例解析：淘宝推荐系统

2016年，电商广告首次超越搜索引擎广告，跃居中国网络广告市场份额占比首位。电商平台不再只是企业销售产品的渠道，还成为广告主们重视的媒体。这都是算法的功劳。

首先，算法可以更深入地了解消费者的喜好。根据消费记录、搜索记录、收货地址等个人信息可以描摹出消费者画像，从而更了解消费者。此外，算法还可以不断地在消费者的"帮助"下修改完善，消费者的每一步点击都被用来优化算法。网络平台的数据中台保留了每个消费者的历史消费数据和实时消费数据，过去买了什么、现在想买什么，平台都能通过消费者的实时点击行为捕捉需求，并实时向广告推荐系统反馈。每次广告推荐、算法优化的效果又可以继续通过消费者的点击行为进行验证。算法可以不断地优化，从而实现更精准地推荐。

其次，算法推荐机制使得广告变得"聪明"起来。淘宝主要有两种商品推荐机制：基于物品的协同过滤推荐和基于用户的协同过滤推荐。前者是将同类型商品推荐给用户，例如用户搜索了某个品牌手机，淘宝就会向用户推荐与其类似的其他手机。后者则是寻找与用户有类似喜好的其他用户，通过分析其他用户的喜好和购买行为来为用户推荐商品。朋友的喜好、过往的喜好就成为更为关键的推荐指标,具有相似消费习惯的人群被画出一个圈,而广告则有方向性地进入不同的圈子里。淘宝平台所采用的算法机制,不是上述的某一种,而是各种算法的统合。

使用淘宝购物时,你是否发现算法很懂你的心?算法使得每项商品都变成一个广告位,而作为消费者的我们也是一个个"明码标价"的商品,用以向广告主精准出售。

不仅仅是购物平台,各类采用算法运营的平台事实上都对我们的喜好了如指掌。在微信朋友圈、QQ 空间、微信公众号等社交媒体上,经由算法推荐的广告也已占据半壁江山。在深入了解广告与算法技术之间的勾连之后,下一次在刷手机上的各类应用软件时,我们应该多思考一步:为什么它会给我推荐这些商品?是我真正需要的,还是广告主和算法想让我购买的?

第四节　广告的文化塑造:
　　　　为什么妈妈总在劳作

图 9-7 截取自一则汽车广告。在画面里,爸爸驾车,妈妈领着孩子们上车,妈妈主要负责照顾孩子。在新年播放的饮料广告中,妈妈一直穿着围裙在厨房忙碌,全家人围坐桌前,享用可口菜肴和饮料。

不只是汽车广告,在洗衣液、家电等随处可见的广告中,妈妈总是在劳作,或者在洗衣机房,或者在厨房。而在现实生活中,你的妈妈可以在讲台上,在谈判桌上,在法庭辩护席上,在运动场上。为什么广告里的妈妈总是在劳作?

(a)

(b)

图 9-7　家用型汽车广告片截图

广告不仅承载商业功能,还是一种重要的社会文化资源,往往反映和塑造社会文化,通过传播特定的生活方式、价值观和社会规范,对人们的观念和行为产生潜移默化的影响。

带有性别刻板印象的广告比比皆是,在不少儿童玩具广告中,男孩子在玩算数玩具、搭建玩具,女孩子则在玩娃娃屋、厨房套装和美容用品玩具。这种刻板印象限制了儿童的兴趣和技能发展,强化了传统性别角色,阻碍了性别平等教育。

广告也会影响认知和行为,通过符号搭建起商品与特定意义的连接。语言学家索绪尔将符号概念化为"能指"(signifier,即图像、客体或声音本身等,指符号中的物质形式)和"所指"(signified,即符号所表达的概念)两个部分。简单来说,玫瑰花通常被视为爱情的象征,是一个符号,经过社会文化的构建,指向爱情这一特定的意义。它的能指是玫瑰花这个花朵,所指是它所包含的浪漫含义。这就解释了在大多数婚戒广告的场景中,玫瑰花都是一个不可或缺的元素。玫瑰花与爱情之间的意义连接,使得我们不自觉地将广告中的产品与爱情、浪漫等要素联系起来。再如,我们看到劳力士手表,会认为它尊贵;看到香奈儿包,会觉得它奢华。这些品牌正是通过广告中构建的符号体系建立起消费者的认知。

来自英国卡迪夫的康纳·西蒙斯(Connor Simmons)是一位自由制片人与摄像师,有丰富的广告制作经验。他在实践中总结出一套"最受男士欢迎广告"的教程[①],即通过独白、大场景、烟雾、人物表情等元素勾勒出复古高雅的氛围,而产品不论是威士忌酒、墨镜或是手表,都能够与之适配,"看起来酷"是唯一的诉求。尽管教程短片带着浓浓的调侃意味,但由各种符号创造出的意义世界确实建构了我们对品牌的想象。实际上,我们在购买广告中的商品时,消费的正是这个品牌通过广告中的符号创造的意义世界。

除了将符号与品牌相联系,广告中也运用各类文化符号来塑造品牌性格。例如,某美妆护肤品牌推出了一系列经典广告片(见图 9-8)《为什么她们不回家过年》《她最后去了相亲角》

---

① 参见 https://www.youtube.com/watch?v=MIcA3dt8Qe8。

《人生不设限》等,围绕女性在当下时代面临的容貌焦虑、年龄焦虑、婚姻焦虑问题,传达出追求独立、取悦自我的价值观。广告不再是只推销商品,而是希望通过文化符号与消费者产生共鸣,进而塑造品牌形象。

图 9-8　某美妆护肤品牌广告截图

要点回顾

1. 新技术环境下的广告。
2. 广告主、广告商与消费者。
3. 广告中的智能分发。
4. 广告中的刻板印象。

思考题

1. 网络剧中的"小剧场"部分属于广告吗？如果属于广告,属于什么类型的广告？
2. 什么是目标消费者？看到广告的都能算是目标消费者吗？

3. 一则广告片中的角色选择、场景设定可能受到哪些因素的影响？

📖 延伸阅读

1. 杭佳茗：《做消费的主人：广告的另一种力量》(2023年4月12日)，微信公众号"小白洞物园"，https://mp.weixin.qq.com/s/-5CIV_UYCZ2OygGFAY4ngQ。

2. 之江轩：《"广而告之"之穿透力》(2022年11月6日)，微信公众号"浙江宣传"，https://mp.weixin.qq.com/s/VmzzE-G6ecEZoomHAOE6wQ。

第十讲 感官消费：解构影像、技术和资本

知识导图

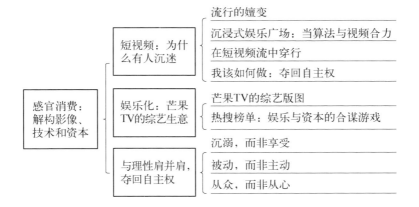

无论是在马路上还是在地铁上，无论是在走路还是在候车，都不难看见人们捧着手机刷视频、看综艺的热闹景象。

仿佛有某种特殊的魔力，人们的双眼被固定在手机里绘声绘色的视频面前，滑动的手指已经养成肌肉记忆。好看、好听，眼睛和耳朵成为最重要的消费入口。以萌宠、特技、颜值男女、美食、歌曲、情感等内容为主的短视频，正在抢夺我们生活中的碎片时间。"下饭剧""洗脑神曲""睡前必刷"等名词鱼贯而出，不看

剧吃不下、不刷视频睡不着等成为现代社会人们新的生活常态。

小到三岁就熟练刷着 iPad 看《小猪佩奇》的孩子,大到公园里兴高采烈拍着抖音的大爷大妈们,影像的魔力几乎裹挟着每个个体。当我们毅然投入剧集、综艺、短视频的怀抱时,当我们看到身边的家人和朋友废寝忘食地捧着手机时,是否想过我们究竟为什么沉迷其中？是什么让我们忍不住、停不下来？在本讲中,我们将从时下最热门的短视频平台入手,结合爆发出强大收视能量的芒果 TV 综艺矩阵,分析影像、技术和资本如何在合力刺激观众的感官,又共同"收割"观众的自主选择权。

开篇思考:

【提问】你的爸爸/妈妈每天用得最多的手机软件是什么？

【提问】你平时在抖音/快手等短视频软件上花多长时间？

【提问】你最耳熟能详的综艺节目是什么？

第一节　短视频:为什么有人沉迷

"抖音五分钟,人间一小时",这句话很贴切地描画了短视频沉迷的状态。在手指不断上滑中,时间飞速流逝,却并不为人所感知。不止在中国,全世界都正被短视频的浪潮席卷。短视频究竟有什么魔力？为什么令人无法自拔？本节就来拆解短视频的配方。

一、流行的嬗变

很多中学生可能都有躲在被窝里看小说的经历,而现在手中的小说变成了手机,我们以更为狂热的状态去刷短视频。事实上,当我们惊讶于短视频的流行程度时,也不要忘记文字、图片、影像等媒介形式同样有过自己的黄金年代。彼时流行的媒介形态也曾饱受批判。

美国学者尼尔·波兹曼(Neil Postman)在《娱乐至死》一书中对电视媒介进行过严肃的批判,他认为电视和其他娱乐媒体对公众话语和文化产生了较大影响。如果说文字媒介强调逻辑和理性,那么电视等视觉媒介更倾向于情感和娱乐。18 世纪到 19 世纪的美国处于印刷文化时代,彼时的公共话语是理性的、有逻辑的和有深度的。到电视时代,公共话语变得浅薄和碎片化,娱乐成为主导一切的原则。电视将一切内容娱乐化,通过简化和戏剧化的方式呈现信息,使得公众逐渐失去了深度思考和批判分析的能力。

这段话似曾相识。今天,我们用同样的话语批判社交媒体和短视频平台。随着媒介技术的发展,人们的感官体验不断被延展。眼睛和耳朵等感官经历了"温饱"的基本满足后,更追求一种全面的"富裕"。数字技术使得视频播放、数据流量成为每个人触手可及的资源,大大解放了短视频的生产力。短视频以一种简洁而强大的信息承载能力获得了青睐。各大平台上 15 秒至 30 秒或几分钟的视频时长限制,似乎刚好将我们安放于耐心的边缘,短则不尽兴,长则看不下去。原本的文字形式被声音取代,图片则在视频中转化成更生动的动作。单从形式的丰富性上来说,短视频似乎是碎片化时间里无可挑剔的娱乐优选。

与电视媒介不同,抖音、快手等短视频应用的流行在很大程度上是算法的功劳。短视频平台比电视更了解你的喜好,更顺从你的欲望,也更让你沉迷。

二、沉浸式娱乐广场:当算法与视频合力

在各类短视频应用平台上,我们先看到的是大量由用户自

主上传的视频。有人发布视频，有人观看视频，平台要提供能够将人们聚集在一起的广场，有了广场之后，还需要不断提升广场的吸引力，留住人，锁住人。每款短视频应用的背后，都有一个强大的运营团队，有专业的数据分析人员、技术优化人员、市场营销人员等，他们的目标就是尽可能地将你留在广场。

如果你是平台运营团队的成员，你会如何创建广场？

首先，广场里总是分散着不同类型的活动人群，有热衷跳广场舞的人们，有勤于锻炼的人们，也有学轮滑、放风筝的孩子们。相应地，广场中也有不同的区域，给不同人群提供感兴趣的内容。短视频平台会为内容打上标签，如篮球、羽毛球、世界杯等，标签越丰富，就越能精确地匹配到不同人群。为了让广场吸引更多人，平台还要鼓励优质的内容创作。例如，快手设置了"创作者激励计划"，借助广告收益分成来助推创作者不断产出优质内容。

然后，人们被吸引到广场后，就会被领进不同的活动圈子里。想象一下你是个喜欢轮滑的酷玩少年，为了避免让你加入一场广场舞的尴聊，平台算法在你入场时就进行了智能筛选。根据性别、年龄、地域、兴趣爱好等因素，你身上也被贴上了标签，将内容标签与用户标签匹配，完成内容数据和用户数据的衔接。此外，其他数据一同加入分析，用场景数据记录用户在不同场景下的偏好变化，工作时、饭点、临睡前分别喜欢看哪些视频也被记录下来。用户在平台上的每一次行动都进入算法之眼的观察范围。而后，算法将结合用户的兴趣与偏好、视频热度、发布时间等因素，为每个人展示不同的个性化推荐内容。此外，算法会根据用户习惯的变化和用户的持续反馈，不断调整优化，使推荐尽可能精准，使你舍不得放下手机，让每一帧视频都符合你的胃口。用户信息越全面、使用时间越长、点击次数越多、互动越频繁，算法也就越了解你。

三、在短视频流中穿行

看懂了这个广场的"内幕",作为一个新的入场者,或是一个在场者,我们该如何保障自身的信息健康呢?

不可否认的是,短视频确实让我们看到更多人的生活,让更多普通人有机会在这一方小小的屏幕里重写命运。对于一部分创作者而言,算法更像是一道富有吸引力的难题,有些人深谙算法之道而运筹帷幄,有些人意外爆红,从此走上人生巅峰,多数人从分享和展示自我中获得与他人社交的快乐。视频里的"老铁们"自得其乐地过着生活,并试图将这种生活分享给视频另一端的陌生人。例如,快手上有一位叫作"爱笑的雪莉吖"的贵州女孩,她没有考上大学,回乡务农,因为短视频而受到百万人的关注,渐渐开办起民宿、接下代言,改变了生活面貌。

在手指一次次下滑刷视频的同时,我们感受着世界的新奇,也习惯了这种由双手控制眼耳、由眼耳控制大脑的娱乐模式。沉浸在短视频世界里无法自拔的状态,使得大脑长时间被"高刺激阈值"的环境包围。这种滑滑手指就能持续不断获得的大量愉悦感,比真实生活更刺激,回到真实的生活、工作中反而会产生一种无趣、无力感,只有更高强度的娱乐刺激才能使大脑再度兴奋起来,于是,又投入新一轮的刷视频之中。

和滑滑手指同时流逝的是大量的时间。需要理智地思考和看待短视频娱乐,才能过好现实生活。

四、我该如何做:夺回自主权

面对短视频的强大刺激和诱惑,我该如何做呢?放弃使用它吗?当然不是,杜绝使用只是手段,但这种手段可能难于实现。有限度地使用短视频,夺回自主权,才是最终目标。接下来,我们一起学会"三步走",从自我剖析到寻找替代方案,再到构建环境,相信你一定可以一步步夺回自主权。

第一步,了解自己的使用动机。不妨自问,我为什么爱看短视频?我通过刷短视频收获了什么?作者团队在授课过程中了解到,不少未成年人消费短视频是出于无聊或孤独,在家中没有父母陪伴、缺少玩伴时,手机就好似一个朋友,看短视频恰好填充了无聊时间。

第二步,针对使用动机寻找替代方案。如果你是因为孤独或无聊而刷视频,替代方案无非让生活"有聊"起来,比如多多运动,多与他人展开面对面社交,多与朋友、同伴在一起,可以有效地减少使用手机的时间。面对面社交对未成年人的成长至关重要,社交中的情绪识别有利于认知发育、情感发育和智力发育。要想让未成年人离开手机,各层面也需要创造更多的面对面社交的机会。

第三步,构建远离诱惑的环境。试想一下,如果手机就放在手边,你很有可能随时拿起它。对此,有效的方法是,当你处于工作、学习等需要专心的时段时,可以将手机放置在不易于获取的地方。这也是很多学校禁止学生携带手机入校的原因。同时,你还可以分析自己的使用情境,比如思考自己通常在何时、何种环境中刷短视频,试着改变使用环境,然后有效地远离诱惑,减少使用手机的时间。对于很多成年人来说,他们喜欢在睡前和醒后刷短视频,不妨尝试将手机置于卧室外,远离手机可以降低使用频率。

当然,如果你实在无法做到有限度的使用,也可以挑战删掉某款应用,直接不去使用它,取而代之的是去运动、去大自然中散步或与好友聊天,用其他的活动充实自己的生活[1]。

---

① 参见[美]亚当·奥尔特:《欲罢不能:刷屏时代如何摆脱行为上瘾》,闫佳译,机械工业出版社2018年版。

第二节　娱乐化：芒果 TV 的综艺生意

老爸,老爸,我们去哪里呀？有我在就天不怕地不怕。
宝贝,宝贝,我是你的大树,一生陪你看日出。

看到歌词,你是否不自觉地哼唱出这段熟悉的旋律？这档堪称新生代国民综艺的《爸爸去哪儿》,由湖南卫视在 2013 年推出,迄今为止走过了六季。每当音乐响起,无数观众都被拉回到明星爸爸和孩子们相处的有趣瞬间。不止停留在父亲与孩子之间的亲情互动,类似地,《妈妈是超人》围绕明星妈妈和孩子的故事展开,再次获粉无数。除了聚集亲子关系的互动真人秀,包括夫妻、婆媳、朋友等各种你能够想象到的亲密关系、你所感兴趣的亲密关系,几乎都能在当下的综艺节目中找到缩影。

尽管"Z 世代"的年轻人们已经不再停留在回到家打开电视的时代,但如今,回到家打开视频网站,娱乐综艺节目似乎已经渗透进各个群体的日常生活中,芒果 TV 强大的综艺版图更是占据其中的半壁江山。热搜话题榜上总是充斥着各个明星在节目中或大或小的动态,小到服饰穿搭,大到发言立场,都能挂上热搜的前几名。

回顾尼尔·波兹曼对媒体上娱乐内容的批判,在被娱乐内容充斥的网络世界里,留给独立思考的时间又有多少？

一、芒果 TV 的综艺版图

曾几何时,《快乐大本营》和《天天向上》作为湖南卫视的两大王牌综艺节目，霸占了无数人的童年。如今，网络影视资源愈加丰富，随着受众观看习惯的迁移，电视台的综艺流量逐渐被分流到各类平台媒体中。芒果TV诞生于互联网视频平台巨大流量时代，与湖南卫视共同隶属于湖南广电。

针对"Z世代"用户行为的研究报告显示，这代人对综艺节目的喜爱超过了电视剧和电影。芒果TV推出的侦探推理类综艺节目《明星大侦探》《密室大逃脱》，收获了无数年轻观众。围绕关系和伴随生活洞察，以轻松搞笑的氛围为主的情感类、生活类综艺，更是俘获了跨各个年龄层的观众。

这些综艺节目不断地抛出问题，又在尝试解答：处于婚姻不同阶段的爱人如何筹备一场甜蜜而独特的婚礼？从二人世界里走出，夫妻如何迎接新生命？身为妈妈、妻子的女人们如何在一场浪漫的旅行里找到自己？面对复杂的婆媳关系，周旋、包容、相处如何与爱交织成生活的主题？

这些主题涵盖成年人生活的各个面向，无论是什么年龄、性别、职业、情感状态的个人，似乎都能在庞大的节目矩阵中找到驻足的支点，并由此蔓延到生活的各个角落。大部分综艺节目选择明星嘉宾或是明星搭配素人的形式，其吸引力似乎远远大于平实的、熟悉的日常生活。无论何时打开面前的手机、电脑屏幕，综艺节目总能准确生动地留住你的心，一个小时、两个小时就在娱乐嬉笑中悄然逝去。

二、热搜榜单：娱乐与资本的合谋游戏

芒果TV庞大的综艺矩阵，只是当前娱乐化时代的一个侧影。对于一份社交媒体平台的热搜榜单来说，影像、算法、资本的和弦才是其运作的主旋律。

以新浪微博的热搜榜单为例，"微博热搜榜是全网最实时权

威的热点排行榜,依据用户的真实搜索量,呈现最新鲜、最热门、最有料的资讯"。这意味着搜索量是热搜排序算法的重要依据,但事实远非如此。有时候我们会发现,在热搜榜前几位的话题并不具有与之匹配的热度数据(如点赞数、评论数等),或者在数据上够热,但在话题内容上匪夷所思,其热度数据可能并不真实。♯××发声♯、♯××再发声♯、♯×××的手机壳♯、♯×××耳环掉了♯等类似话题,总能在粉丝的助推下冲上热搜榜单。

资本与热搜"合谋"的典型案例,是当明星或名人出现负面新闻时,借助资本运作,通过抬高其他热搜关键词或删帖来为自己降低热度。2018年6月,淘宝天猫时任总裁蒋凡因个人家庭事由迅速蹿升至热搜榜单前几位。新浪微博直接采取撤热搜、压热搜、关闭蒋凡夫人董花花微博评论等一系列违规操作,试图降低事件热度。但这一次,国家互联网信息办公室(简称网信办)的介入使得这场"合谋"戛然而止。

> 6月10日,国家互联网信息办公室指导北京市互联网信息办公室,约谈新浪微博负责人,针对微博在蒋某舆论事件中干扰网上传播秩序,以及传播违法违规信息等问题,责令其立即整改,暂停更新微博热搜榜一周,时间自6月10日15时至6月17日15时,暂停更新热门话题榜一周,时间自6月10日15时至6月17日15时,严肃处理相关责任人,同时,要求北京市互联网信息办公室对新浪微博依法从严予以罚款的行政处罚。
>
> ——微信公众号"网信中国"消息原文

类似事件屡见不鲜。无论是被娱乐话题霸占的热搜榜单,还是被资本力量左右的热搜榜单,都妨碍了公众行使获取真实信息的权利。

第三节　和理性肩并肩,夺回自主权

通过各类事件,我们逐渐揭开了这场感官刺激背后的影像、技术、资本相互勾连的实践。要看穿这场五光十色的娱乐盛宴,我们要厘清三个感官消费时代的本质问题。

一、沉溺,而非享受

无论是沉溺还是享受,所描述的都是一种进入娱乐世界的状态。当人们能够以享受感官愉悦、精神放松的状态自处时,其更倾向于将平台里的视频、媒体上的内容作为压力之外的慰藉或是获取新知的来源。但沉溺意味着对娱乐之外的内容充耳不闻,"废寝忘食地刷视频""熬夜刷剧"带来的副作用显而易见。

2020年10月,江西都市频道报道称,一位年过六旬的大妈在抖音上被演员"靳东"表白,甚至要嫁给"靳东"。她的家人表示,她一天到晚都捧着手机,饭也不吃,瘦了十多斤,甚至还离家出走。

这似乎不可理喻,但影像掠夺个人理智的案例不在少数。在当下信息量过载的媒介环境里,吸引力和陷阱并存,学会保持适当的隔离,才能给理智一些喘息的空间。

二、被动,而非主动

"到底是我玩手机,还是手机玩我?"在手机逐渐成为人类器官之一的时代,我们愈发意识到,主动权似乎早已悄悄转移。如前所述,个性化推荐算法机制根据个人喜好分发内容,在算法的逻辑下,人们均被视作数据化的个体,算法掌控、分流、支配这些行为数据。

身为观看者的我们,却常常意识不到这种支配,因为它在表面上迎合了喜好、制造了欢愉。算法并不直接与人们对话。这种来自算法的权力是藏身于人们对视频内容的喜爱之后的,它的控制和支配无形却有力。平台看似以用户的体验为中心,但实际上,看什么、看多久都在算法的维度里悄悄标明了价格。

新闻媒体上动辄几万元,乃至几十万、上百万元的主播打赏事件历历在目。这些在感官世界中肆意挥霍的消费,恰恰是在影像、资本、技术等多重因素的推动下产生的。不仅是在影像娱乐的世界里,游戏中的"氪金"现象有着相似的心理动因。

三、从众,而非从心

从众心理不是当下社会才有的群体性迷思。回想一下,你是什么时候下载各类娱乐软件的?有多少是来自"大家都在看、大家都爱玩"的鼓动?参考流行、拥抱新奇无可厚非,能够与现实和网络上的朋友拥有相同的话题、更多的交集也的确令人惊喜,但若因此而丧失了独立思考的能力,沦为娱乐和大众的附庸,便是本末倒置了。

尽管如此,在作为受众反求诸己的同时,媒体机构、社交平台也不可避免地要为当下复杂的媒介环境负责。中国人民大学新闻学院新闻与社会发展研究中心和微博联合发布的《2023年微博热点趋势报告》显示,"90后"和"00后"两大用户群体占微博热点事件参与用户的85.99%。尤其值得注意的是,"00后"群体已经登上公共舞台,并发挥着越来越重要的舆论力量。在"00后"用户参与排名最高的十大热点事件中,娱乐社会性热点事件共计 4 个、节假日相关热点事件共计 3 个、社会新闻事件共计 2 个。整体来看，微博热点中的社会热点、娱乐热点占比分别为 30%、40%①。这或许是一个积极的信号，大众的目光逐渐向更多元的内容投射，而不是被影像娱乐笼括。

尼尔·波兹曼曾批判电视把一切内容都以娱乐的形式展现出来，由此，严肃的思考和讨论让位于娱乐，我们进入了一个"娱乐至死"的时代。以往用专制式的思想控制来达到权力支配的目标，而现在人们成为娱乐的附庸，沉沦于声色犬马，警醒的人民退化成被动的受众，被娱乐支配，还乐在其中，文化生活也成了周而复始的娱乐。娱乐本是生活不可分割的一部分，与其被娱乐操纵，不如夺回自主权，快乐而不沉迷，理智而不疯狂。

要点回顾

1. 短视频平台中的算法架构。
2. 短视频的正面影响与负面影响。
3. 综艺娱乐及其资本运作。
4. 感官消费时代的突出问题。

思考题

1. 你的身边是否有人沉迷于刷短视频？你认为他们沉迷的原因是什么？
2. 你所看到的热搜榜单都是真实的排序吗？可能受到哪些因素的影响？
3. 是我们在玩手机，还是手机在玩我们？

---

① 《微博中国人民大学：2023 年微博热点趋势报告》(2024 年 2 月 24 日)，https://max.book118.com/html/2024/0213/8030060075006035.shtm，最后浏览日期：2024 年 10 月 15 日。

4. 尝试关闭短视频应用中的算法推荐功能，看看有什么不同。

🏛 延伸阅读

1. 陈雨舟：《15 秒上瘾的背后：短视频如何改变孩子的大脑？》(2024 年 1 月 10 日)，上海市精神卫生中心，https://mp.weixin.qq.com/s/um1JdkFuzsCbOGcu88FDMQ。

2. 陈默：《反短视频奴役之战：他们决心拯救大脑》(2024 年 3 月 13 日)，凤凰网，https://mp.weixin.qq.com/s/4c43uQtTDMkm_Ucw5TpRww?from＝singlemessage&isappinstalled＝0&scene＝1&clicktime＝1719474733&enterid＝1719474733。

3. ［美］尼尔·埃亚尔、瑞安·胡佛：《上瘾：让用户养成使用习惯的四大产品逻辑》，钟莉婷、杨晓红译，中信出版集团 2017 年版。

4. ［美］尼尔·波兹曼：《娱乐至死》，章艳译，广西师范大学出版社 2004 年版。

第十一讲　游戏消费：虚拟世界的"人生体验"

知识导图

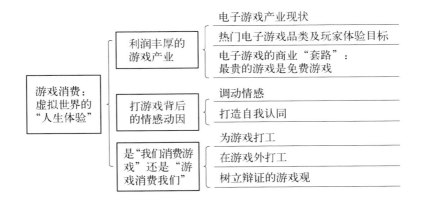

几乎每个人都热衷于游戏,游戏是快乐人生的重要组成部分。小时候,我们和朋友一起玩过家家、木头人;长大后,玩黄金矿工、森林冰火人、谁是卧底;到现在,朋友们盯着屏幕玩《王者荣耀》《和平精英》等手游……游戏伴随我们度过了一个又一个欢快的瞬间。

然而,本应给我们带来欢乐的游戏,却逐渐使我们变得情绪化;本着放松一刻的心态进入游戏,却发现沉迷得"拔不出来";

不"氪金",游戏就不再提供新的体验内容,或体验感日益降低……我们在游戏中日复一日地"劳动",游戏公司却赚得盆满钵满。

值得注意的是,移动端游戏的主力玩家来自青少年群体。中国音像与数字出版协会发布的《2023中国游戏产业未成年人保护进展报告》显示,目前19岁及以下网民规模突破2亿人。其中,未成年人游戏偏好占30.82%,位居第六,高于进行户外运动等选择①。对于青少年而言,网络游戏中展现的世界往往会对他们产生深远的影响。

长辈们苦口婆心,常说"少打点游戏""玩游戏毁一生"。游戏真的是洪水猛兽吗?为何跳皮筋、打沙包等游戏被家长推崇、追捧,而电子游戏就遭到人人喊打?究竟如何看待打电子游戏?在本讲中,我们将走进电子游戏世界,了解电子游戏背后的运作逻辑,以及我们在电子游戏中扮演的真正角色,以形成辩证的游戏观。

开篇思考:

【提问】你有什么喜欢玩的电子游戏?

【提问】你是否为游戏"氪过金"?

第一节 利润丰厚的游戏产业

在打游戏的时候,你可能不会意识到,游戏公司是利润丰厚的产业。特别是2020年以来,游戏业更是呈现出惊人的高增长

---

① 《2023未保进展报告:游戏偏好位居第六,未成年消费进一步降低》(2023年12月18日),https://www.ali213.net/news/html/2023-12/803087.html,最后浏览日期:2024年10月15日。

速度。以腾讯公司推出的手游《王者荣耀》为例,2020年11月,腾讯官方宣布,2020年《王者荣耀》的日活跃用户数稳定在1亿人,是全球第一个以"亿"计量的游戏产品。截至2024年10月,该游戏注册玩家总数已突破7亿人大关①。在游戏中,玩家可以获得奇异的体验,仿佛置身其中。

一、电子游戏产业现状

乘借在线文娱快速发展的东风,以及5G条件下新游戏及其传播渠道的进一步升级,电子游戏行业实现了快速扩张。根据中国音像与数字出版协会游戏出版工作委员会披露的数据,2024年1—6月,国内游戏市场的实际销售收入为1 472.67亿元,游戏用户规模为6.74亿人,再创新高②。中国连续三年成为全球第一大游戏市场,《原神》《第五人格》等中国出品的游戏走向海外市场,取得了较大成功。

目前,中国游戏市场由腾讯和网易两大互联网公司独占鳌头。脸书、谷歌、亚马逊等国际科技巨头也正以空前的规模进军游戏领域。游戏行业具有强大的现金流吸收能力,虚拟现实、增强现实等技术创新快速地被游戏生产者接纳,推动游戏中虚拟与现实体验的结合。例如,任天堂公司开发的Switch游戏掌机就增加了虚拟现实体验的功能。或许某一天,史蒂文·斯皮尔伯格(Steven Spielberg)执导的《头号玩家》(*Ready Player One*)中的场景就会发生在我们的真实世界。我们正在迅速迈向一个

---

① 《〈王者荣耀〉有多少玩家?》(2024年10月14日),https://wenda.yatejia.cn/k/12,最后浏览日期:2024年11月1日。

② 《2024上半年中国游戏产业报告:国内游戏市场实销收入超1 400亿元》(2024年7月25日),https://export.shobserver.com/baijiahao/html/776566.html,最后浏览日期:2024年10月15日。

赛博化的,几乎任何活动、事件、世界都能模拟的未来。

电子竞技似乎也正在为游戏正名。由游戏衍生的电竞市场正展现出惊人的规模和潜力。中国音像与数字出版电子竞技工作委员会的统计数据显示,2024年1—6月,中国电子竞技用户规模约为4.9亿人,实际销售收入691.43亿元,同比增长7.24%;中国在产值规模、用户人数、发展速度等方面稳居世界第一位,成为全球最大的电竞市场。作为数字经济的一片"新蓝海",电子竞技的主流认可度不断提升。2023年,电子竞技被杭州亚运会列入正式竞赛项目,国际奥委会确认将在沙特举办2025年首届奥林匹克电子竞技运动会。上海市委宣传部副部长在2024年全球电竞大会上的致辞中表示,上海将在更高水平上推进"全球电竞之都"的建设①。但这不足以打消公众对电子游戏的顾虑。究竟为什么游戏能"俘获"众多玩家的心,人们又为何义无反顾地投入时间和金钱打游戏呢? 这与电子游戏的设计有关。

二、热门电子游戏品类

根据玩法设计的不同,当前流行的游戏大致可被分为三类。

第一类是大型多人在线角色扮演游戏(massive multiplayer online role-playing game,简称MMORPG)。这类游戏与社交网络相结合,通过游戏中的"公会"实现对异时异地的玩家的紧密联系,代表游戏有《魔兽世界》《剑侠情缘3》《天涯明月刀》等。

从某种程度上说,MMORPG类游戏表明游戏开始具备完整的社会形态,玩家需要在其中打怪、经营、商品流通、寻找志同

---

① 《上半年中国电竞游戏实际销售收入691.43亿元,用户规模约4.9亿》(2024年7月27日),https://baijiahao.baidu.com/s?id=1805729298834016568&wfr=spider&for=pc,最后浏览日期:2024年10月15日。

道合的帮会，甚至在游戏中恋爱结婚。有时，游戏内的社交关系会从虚拟世界中延展至现实世界，并且通过类似热情和体验将人们联结在一起，"公会"成为将异时异地的玩家团结在一起的特定的游戏组织，也是此类游戏的核心魅力。正是 MMORPG 类游戏构筑的"类真实人生"的虚拟世界，以及线上线下社交联结的体验，让玩家们对游戏抱有很强的依赖感、归属感和怀旧感。对玩家而言，游戏的意义已不仅是"玩"这样单薄，而更多寄托了个体对社群的美好想象。

第二类是紧密围绕社交关系打造的手游。随着移动端设备的普及和移动互联网的发展，移动游戏逐渐成为游戏公司争相抢占的"香饽饽"。2015—2016 年，网易推出的《阴阳师》和腾讯推出的《王者荣耀》两款游戏宣告手游时代的到来。与网络游戏相比，手游填充了玩家的碎片化时间，也便于在手机端操作，同时强化了游戏的社交特性。《王者荣耀》已成为世界上玩家数量最多的移动游戏产品，它的玩法机制公平，围绕游戏还打造了一套完美耦合的社交机制，实际上它的一整套外围系统都是围绕社交关系打造的。有为"熟人社交"打造的多人组队和开黑模块、好友天体排名机制、亲密度显示、好友皮肤互赠，有为"陌生人社交"打造的同城匹配、队伍招募等。玩家们在各类战队中开黑，在"CPDD"①中形成对游戏的持续性强依赖。

第三类是可自行设定内容走向的开放世界（open world）类游戏。近年来，以米哈游公司推出的二次元手游《原神》为代表，这种游戏类型逐渐流行起来，愈发成为主流的游戏品类之一。开放世界游戏最大的特点在于，玩家拥有比其他游戏品类更强

---

① "CPDD"是网络流行词，"CP 滴滴"的首字母缩写，意为"找个人组成情侣关系（couple），有意请联系我"。

的主动性,玩家可以自由地选择游戏路线、游戏人物甚至剧情走向。这强化了游戏本身最基础的体验,即给玩家提供一个更为自主地展现自我、实现自我和沟通互动的媒介。由此,在玩游戏的过程中,玩家得到自我认可,收获了极强的成就感。

三、电子游戏的商业"套路":最贵的游戏是免费游戏

游戏开发是一个耗时耗力的过程,游戏公司需要配套商业策略以维持公司运转和获得巨额收益。目前,游戏行业中有两种主要的商业策略,即买断制和内购制。

在游戏发展早期,商业化策略非常简单,即一种类似一刀切模式的买断制,玩家通过实物游戏卡、应用商店或游戏官网等渠道直接买断游戏的全部体验内容,在后续玩游戏过程中不需要再付费。玩家在玩游戏时不必再被干扰,可以随心所欲畅快体验。买断制游戏商业模式仍然流行于以主机和电脑端游戏为主的欧美游戏市场,这与欧美市场更早形成的游戏消费习惯、更为宽松和有沉淀感的游戏开发环境密不可分。

中国游戏市场开发起步较晚,并且以移动端游戏为主,绝大多数头部游戏采取游戏内购的商业模式。在这种模式中,下载游戏是免费的,但如果想获得更好的游戏体验,需要在游戏内购买一系列可增值道具。道具有不同的功能:游戏《王者荣耀》讲求公平竞技,内购的商业化道具不能影响游戏公平性,因此,内购道具更多围绕游戏角色的外观,比如购买角色皮肤、头像框等;在《原神》等开放世界兼角色养成游戏中,商业化道具可以提升角色本身的数值,从而获得更畅快的游戏体验。

我们可能经常看到媒体报道,称青少年为打游戏豪掷千金充值。充值行为当然与游戏实行内购的商业化策略脱不开干

系。正所谓"免费的游戏就是最贵的游戏",貌似免费,实则步步"围剿"。游戏公司还会设计各种各样的活动及关卡,促使玩家"心甘情愿"地付费。我们为什么会乐于付费呢?为什么很多人沉迷于游戏呢?下一节将拆解游戏好玩的秘诀。

第二节　游戏为什么好玩

在互联网行业中,产品的使用者被称为用户,例如大多数人都是微信用户。有趣的是,电子游戏的使用者却不被称作用户,而是"玩家"。被称为用户似乎蕴含了商业目标客户的意味,而玩家凸显了使用者的掌控力和主动性。

不可否认的是,游戏确实给玩家带来了掌控的感觉。在打游戏时,一方面,玩家感知游戏公司设定的情感体验,比如体验游戏故事、游戏场景等;另一方面,玩家们也在游戏中创造更为丰富的体验,最重要的是,这种体验充分调动了情感。

一、调动情感

不可否认,大多数游戏都设计得很好玩。"好玩"是一种感官刺激,由此带来愉悦和成就感。玩家在进入游戏后,可以选择与现实生活中截然不同的生活方式,选择完全不同的"模拟人生",进而收获丰富的人生体验。因此,游戏被称为经典的体验效用行为。

在感官刺激之外,游戏与电影、美术等艺术形式类似,还可以充满艺术表达力,提供想象的空间和美的感受。例如,游戏科学公司开发的游戏项目《黑神话:悟空》,以《西游记》中一行人前往西天取经作为故事背景,凭借精美的画面和动效,吸引了不少关注,游戏内的画面都可以截下来当壁纸。还有一款面向全年龄段玩家的游戏《纪念碑谷》。在游戏中,玩家需要控制主角艾达公主在视错觉和几何物体构成的迷宫中行走,通过调整和旋转建筑物来寻找能够到达目的地的道路。游戏的创作灵感来源于埃舍尔风格的艺术概念画,视觉风格受到日本木版画、极简主义艺术等的影响。游戏开发过程中的奇思妙想将玩家带入了几何与色彩共同构筑的唯美幻境。

二、打造认同

通过打游戏,我们构建起在虚拟世界中的个人身份,我们可以变得更为大胆而自由,从现实的诸多束缚中挣脱出来,根据自己的兴趣和爱好,去选择和呈现自我,进而获得更多自我认同。

在打游戏的过程中,玩家可以构建三种自我认同。

第一个阶段是个人认同。玩家们虽然设置的游戏目标有所不同,但在游戏目标达成时,都会本能地产生愉悦感和成就感。与现实生活中的成就相比,游戏产生的情绪往往是短暂的、波动的,也是极其场景化的。游戏内目标达成所带来的自我实现感会带入玩家的现实身份中。例如,通过游戏内不断排位上分,成为现实生活小群体中受人尊重和爱戴的"大佬和高手",这在青少年群体中尤为常见。在这种几近"成名的想象"的自我认同中,玩家们逐渐沉迷于游戏竞技。

第二个阶段是集体认同。如今,游戏正在联手社交网络,甚至取代社交网络,成为社交最重要的数字场所之一。从早期的街机和主机合作游戏开始,玩家们就会在线下组成小众但黏度极高的社群,聚集在一起讨论攻略和剧情,交流通关经验。《魔兽争霸》《剑网3》等大型多人在线角色扮演游戏在21世纪的第一个十年爆红。不同于单机游戏,"公会"、战队等的存在,为玩家提供了较强的集体归属感和认同感。当和团队一起分工合作完成一个目标时,"带飞队友"或是"认真完成了自己的职责"都能让玩家获得集体认同感,对游戏本身的归属感随之而来,由此形成长久的情感联系。

第三个阶段是社会认同。游戏公司积极地在各渠道建立游戏社区、开辟世界聊天频道,与社交软件联合,制造更多与游戏相关的内容和话题,激发玩家的分享欲望和对于游戏内容和游戏表现的讨论,从而提高游戏热度。玩家在游戏中收获的强情感认同能够强化现实生活中存在或由游戏建立起来的人际关系网络,从而形成良性的情感互动。

三、即时反馈

在游戏世界中,玩家的一举一动都能收获高强度的即时反馈,给他们带来了很强的主宰感。

如果你经常去博物馆、科技馆,可能会发现很多展品前都设有互动按钮,按下按钮,展品上某个灯或某区域就会亮起。这就是一种反馈,也是一种强互动,可以带来高度卷入的参与体验。试回想,你年幼时是否喜欢按电梯的关门按钮?小朋友似乎都很喜欢按关门按钮,因为看到由自身行动带来的反馈后,他们会体验到掌控的感觉,也就是主宰感。

从这个角度来看,游戏提供的几乎是实时的行动反馈,可以充分满足玩家对主宰的渴望。以消消乐一类的游戏为例,玩家的每次移动都能形成消除效果,屏幕上会闪出晶晶亮的"肥皂泡",紧跟着清脆的"哗"声,接着又跳出奖励分数,这些都是即时反馈。如果玩家在游戏中消除了整行,还会触发光柱,旋即发出一连串爆破般的声音,给玩家带来了极强的掌控感。消消乐类的游戏一般会使用柔和的色彩、呆萌的形象,配以清脆的声音,给玩家提供即时反馈，吸引他们全情投入，从而进入一种心流状态。达到心流状态的前置条件是明确的目标、即时的反馈和挑战与能力间的匹配。游戏中的通关和绝杀瞬间给玩家带来了极大的满足，使他们最终达到自我意识消失和时间感扭曲的心流效果，继而感受到真实世界与虚拟世界的融合。

在本节中，我们揭示了游戏好玩的秘诀。不仅是游戏的本身设计带来的直观情感体验，玩家们在体验游戏时也在体验目标的达成过程中触摸到游戏情感的多种互动机制。尽管玩家总是以追求积极情感体验的逻辑接触游戏，但在玩游戏的过程中或多或少会收获与其相反的游戏体验。那么，我们在游戏中的付出和收获是否对等？在庞大的游戏产业中，我们究竟充当了什么角色？

第三节　是"我们消费游戏"还是"游戏消费我们"

本节希望帮助读者建立更为理性的游戏观。我们不反对游戏，但反对过度沉迷于游戏。先来看看我们在游戏中付出了什么，又收获了什么。

毫无疑问，我们付出了大量时间、精力和金钱。而关于我们收获了什么，则显得很难回答。不仅因为游戏体验因人而异，也因为我们从游戏中获得的是一种不同于真实生活的"存在于别处"的情感体验。游戏的目标并不在于提供体验，它是一个完整发展的产业，在我们消费游戏时，游戏也在消费我们。这种消费隐秘、不易察觉，在消耗我们的生命时间的同时，也在无意中影响我们的世界观和行事准则。

一、为游戏打工

当中国最主流的游戏品类从大型多人在线角色扮演游戏转向多人在线战术竞技游戏（multiplayer online battle arena，简称 MOBA）①时，游戏发展的内在逻辑发生了质的转变。前者更强调打造一个虚拟社会，而后者强调社会化的竞争逻辑，即在有限的时间和有限的资源内，通过即时的对抗、团队的协作和策略的部署，最大化地获取资源，并最终取得游戏对局的胜利。在这个游戏目标的驱动下，玩家们低着头拼命操作，以最快的手速输入命令。游戏被异化为一个工厂车间，玩家在车间内拼命劳作，无暇畅想游戏体验。

在某种程度上，游戏和工作的境况有极强的相似性。玩家除了是玩游戏的人，也是游戏内容和游戏价值的生产者，通过时间、精力和金钱成本换取游戏内的精彩操作、排位提升所带来的自我认同，以及各类游戏中的虚拟货币和纪念品等。在玩家与游戏之间，不是单纯的商品消费中买家与卖家的关系，而是转换为"玩工"与"生产资料"之间的关系。在单局游戏中，玩家需要无条件地服从游戏规则和纪律以取得最终胜利，同时要最大限度地提升自己的"玩工效率"，反之则会导致游戏失败。

更重要的是，在"玩工"的逻辑下，青少年几乎毫无疑问成为整个游戏金字塔的最底层。即使是强调公平竞技类的手游，其皮肤等外观系统的变化也会变相影响游戏进行中的手感、技能范围等，在养成类游戏中付费赢取的商业化逻辑更是需要

---

① 指将对抗的要素有序地布置在游戏时间轴与场景空间中，通过玩法流程的驱动、世界观设计的引导，使玩家自发展开操作，进行团队协作与策略规划，最终达成目标，并获得满足感的一种多人即时对战游戏。

投入大量金钱来支撑胜利。而青少年没有任何固定收入,如果想要在游戏中变得强大,只有两条路径:一是花费更多时间"肝"游戏,奉献上更多的时间通关;二是从长辈处获取金钱,投入游戏中,以提升游戏段位。青少年可谓游戏产业重度剥削的对象。

二、在游戏外打工

目前,最主流的游戏品类强调公平性和团队协作,其单局对战也成为最具竞技性和观赏性的对局。玩家在对战的同时会转为游戏的表演者和观众,通过主动参与和被动观看两种方式重新被游戏和电竞资本使用,参与到游戏的扩张生产之中。在庞大的电竞产业链中,有职业选手和职业主播的参与,也有普通玩家通过直播或观赏游戏直播扩大游戏的认知度。

不乏以职业电竞选手为榜样的青少年。电竞选手们不但有超强的"吸金"能力,还能"圈粉"无数。复旦大学新闻学院的学生们做过数据调研[1],发现电竞选手受到学历的限制,在退役后很难成为电竞领域从业者。他们往往在低龄时就要放弃学业,进入训练基地接受半军事化管理,每天进行12—16个小时的训练。在夺冠光芒的背后,75%的电竞选手都受到伤病的困扰。同时,夺冠的荣光终究只属于金字塔尖的极少数选手。年龄增长带来的体力、精力的下降,长期高压训练带来的伤病,使退役转型成为所有选手最终都不可避免的选择。"除了打游戏还会干什么?""二十几岁就退役了,怎么养活自己?"这些问题才是笼罩在许多电竞选手头上的阴云。

---

[1] 《数说电竞选手AB面:光芒背后,学历成退役转型的拦路虎》(2022年1月26日),https://m.thepaper.cn/newsDetail_forward_16443066,最后浏览日期:2024年10月5日。

三、树立辩证的游戏观

在玩游戏的过程中,网络游戏表面上为普通玩家赋权,例如可以自由选择身份等,并标榜任何玩家都能够凭借自身的努力达到更高的段位。但实际上,在充满竞争目标的网络游戏世界中,权力才是玩家们争夺的潜在的却关键的终极目标,并且权力的规训无处不在。有时游戏社群会对玩家施压,有时玩家会直接受到游戏设计规则的束缚。例如,近年来大热的二次元手游《原神》等内容型游戏,往往设置有"固定体力值"的选项,玩家在游戏内获取成长资源的行为将会不断消耗"体力值",当"体力值"归于 0 时,玩家不能再进行"角色养成"等游戏行为,直到"体力值"恢复至所需状态。游戏公司大多在其中选择投入商业化内容:玩家可以用"氪金"的方式,直接购买体力值。选择"氪金"的玩家将体验到游戏成长数值上的飞跃。这无疑是对游戏中"零氪"玩家们的绝对权力压制。

目前,大多数游戏都是以逐利为基本逻辑构建的,无论是买断制还是回购制,或者游戏内投放的各类活动,本质上都是为了让玩家尽量留在游戏中,以赚取更多的商业化收入。

而青少年群体尚未形成完善的世界观和人生观,游戏内容中可能存在的暴力、贪婪等或会影响青少年的认知,如果在现实社会中模仿,则会造成更大影响。因此,重回当下,当我们辩证地看待游戏的时候,我们先要回答:作为人生体验的另一种方式,我们需要的是什么样的游戏?《游戏改变世界:游戏化如何让现实变得更美好》的作者、知名游戏设计师简·麦戈尼格尔(Jane McGonigal)的这段话或许能够解答我们的疑问:

我们真正需要的,是游戏能够超越让人短暂幸福的心流和自豪,提供一种更为持久的情感奖励;我们真正需要的,是哪怕不玩的时候仍能让我们幸福的游戏。只有这样,才能在游戏和现实生活中实现恰当的平衡。①

同时,将游戏看作一种艺术形式,而非一种排解欲望及发泄的工具,或许更适合与游戏共处。换言之,时刻牢记我们玩游戏是为了丰富感官享受和人生体验,而非"为了赢而赢""为了炫耀而炫耀""为了社交而社交""为了释放压力而释放压力"。这样才能使我们在面对游戏及其背后的庞大资本时,不再只是消极地承担"玩工"角色。

归根结底,即使在虚拟世界中经历了一切,我们终究还是要回到切身感知的现实世界,就像《头号玩家》中在虚拟世界相识的两人,最终还是在现实世界中抓住了彼此。在忙着体验虚拟世界中的各种新奇人生之前,我们也可以把视线移出来,回到现实生活中,体验伸手就能触摸到的仅有一次的人生。

要点回顾

1. 中国游戏行业发展现状。
2. 电子游戏的商业化套路演变。
3. 游戏好玩的秘诀。
4. 游戏消费与"数字劳工"。
5. 树立辩证的游戏观。

思考题

1. 在虚拟现实、增强现实等技术愈发成熟的当下,你认为

---

① [美]简·麦格尔尼尔:《游戏改变世界:游戏化如何让现实变得更美好》,闾佳译,浙江人民出版社2012年版,第45页。

是否会有一天,人类会依靠装置在数字游戏世界中生存?

2. 如果你是游戏设计师,你希望设计出一款什么样的游戏?

3. 打开一款消消乐游戏,关闭声音、戴上墨镜后开始玩,你会产生不同的体验感吗?

🏛 延伸阅读

1. [美]史蒂文·斯皮尔伯格:《头号玩家》,2018年电影。

2. 张末:《游戏的本性:从游戏语法到游戏学的基本问题》,上海三联书店2018年版。

3. [美]亚当·奥尔特:《欲罢不能:刷屏时代如何摆脱行为上瘾》,闾佳译,机械工业出版社2018年版。

第十二讲 新闻传播学：高考作文@了你

知识导图

```
新闻传播学：    ┬── 批判、辩证地思考：向"想当然"说拜拜
高考作文@      │
了你           │                  ┌── 人工智能
               └── 高考作文实战 ──┼── 信息茧房、回音室效应、过滤气泡
                                  ├── 虚假信息
                                  └── 符号与表征
```

本书付梓之时，2024 年高考刚结束，各地语文科目作文题目再次出现新闻传播学科相关议题。有老师戏言："这是给新闻专业做招生广告。"近年来，不少高考作文题目都在新闻传播学的范畴中，这恰恰说明我们的社会生活正在经历深度媒介化。

新闻传播对现代生活日益重要。媒体无处不在，深深影响着每个人的生活，从日常生活到社交方式、情感体验和思考方式，都与媒体息息相关。在媒介技术的助推下，每个人的生活也被媒介化，数字痕迹帮助媒介更透彻地了解每个人。媒介在人类生活和社会运转中扮演着越来越重要的角色。

本讲摘取近年来各地高考作文题目中与新闻传播学相关的

考题，为读者们提供解题思路。这些思路并不仅仅是为了更好地答题，生活在深度媒介化的社会，每种思路都是为了让我们更好地过数字时代的生活。

一、批判、辩证地思考：向"想当然"说拜拜

当前，浸润于网络时代的"Z世代"早已习惯使用各类智能设备，自信地徜徉在各类社交媒体和新闻内容之中，却在不知不觉中被收编于复杂的媒介环境之下，也因而丧失了部分反抗和思考的能力。

> 这让我对如今的自媒体有了更客观理性的认识，在接收信息的同时，也会更多地思考事件的真假，不被轻易煽动情绪。在这个以大数据为支撑的移动互联网时代的背后，有太多问题值得我们聚焦。我们要提高自身媒介素养，做理性的观察者和发声者。尊重事实，让子弹先飞一会儿，我们才能在不失声的同时也不助长恶意的浪潮。
>
> ——复旦中学高二(4)班 钱金奕

这是来自复旦中学"媒介素养"课程教学班一位同学的课后反馈，也正实现了"媒介素养"课程及读本最直接的教育目的。当我们看到微博、微信上一再反转的信息、广泛传播的谣言时，是否质疑过其真实性？是否也在一面之词的蛊惑下，当过网络背后急于宣泄情绪的"键盘侠"？批判意识和辩证思维是解决"想当然"的开始，也是教育的核心目标之一。

批判意识要求我们面对新技术、新现象，展开主动思考和理性质疑。在庞大的信息池里，为了减少获取信息的成本，选择性接触、选择性相信是一件简便的事情。但与此同时，我们也丧失

了对事件全面真相的掌握,将认知的主动权抛向湍急的信息流中。"敢批判"是具备批判意识的第一步。权威不等于标准,经验不等于事实,媒介世界中的真相在多元主体的理性批判中,才逐渐完善成一个现实世界中的真相。我们应当学会主动调动自己的认知资源,对事件展开分析和思考之后,有根据地提出质疑。

辩证思考也不是要求我们当"杠精"。无数事实证明,非此即彼的逻辑在变幻多端的媒介环境中表现得战斗力不足,拥有对立统一、动态发展的眼光方能行稳致远。当某款社交软件的新功能、新服务上线时,我们沉浸于提升用户体验的愉悦感之中,同时,不妨多做思考:在获取便利的同时,我们是否也让渡了权利?

接下来,我们一起启动辩证与批判的思维,基于经典新闻传播学理论,为高考作文提供思路。

二、高考作文实战

(一) 人工智能

原题:2024 年新课标 I 卷

> 阅读下面的材料,根据要求写作。(60 分)
> 随着互联网的普及、人工智能的应用,越来越多的问题能很快得到答案。那么,我们的问题是否会越来越少?
> 以上材料引发了你怎样的联想和思考?请写一篇文章。
> 要求:选准角度,确定立意,明确文体,自拟标题;不要套作,不得抄袭;不得泄露个人信息;不少于 800 字。

题目非常新颖,涉及当下最新的科学技术探索领域——人工智能。人工智能是一种使计算机和机器能够模拟人类智能和解决问题能力的技术。人工智能发展迅速,应用在人类生活的多个领域。

在解题时不妨找到具体抓手,以某个人工智能应用为案例进行剖析。我们以目前最火爆的生成式人工智能应用 ChatGPT 为例来分析。从 2022 年年底开始,ChatGPT 一夜成名,它是美国 OpenAI 公司开发的人工智能聊天机器人程序,以文字为主要交互方式,可以写出与人类文字相仿的文本,并在许多知识领域给出详细和清晰的回答,即题干中所说的越来越多的问题能很快得到答案。ChatGPT 的表现使得人们忧虑它会取代很多知识型工作。

人工智能确实可以快速给出答案,但要获得真正的知识,还需要具备深入追问的能力。在很多人工智能应用中,我们常发现它们似乎并没有那么神通,并没有给我们想要的答案,很有可能是因为我们提问的方式存在问题。于是,有了所谓"提示词社区""提示词工程师"等角色,向人工智能发送提示词就是提问的过程,而有效的提示词才能获得高质量回答。事实上,提出一个好的问题比解决一个问题更重要。目前,人工智能只能依据自己的数据库库存,回答已知的问题,它的知识是有边界的。而人类可以突破知识的边界,通过提问创造新的知识。

(二)信息茧房、回音室效应、过滤气泡

原题:2020 年江苏卷

根据以下材料,选取角度,自拟题目,写一篇不少于 800 字的文章;除诗歌外文体自选。

同声相应,同气相求。人们总是关注自己喜爱的人和事,久而久之,就会被同类信息所环绕、所塑造。智能互联网时代,这种环绕更加紧密,这种塑造更加可感。你未来的样子,也许就开始于当下一次从心所欲的浏览,一串惺惺相惜的点赞,一回情不自禁的分享,一场突如其来的感动。

题干中的话"人们总是关注自己喜爱的人和事,久而久之,就会被同类信息所环绕、所塑造。智能互联网时代,这种环绕更加紧密,这种塑造更加可感"。正是新闻传播学中讨论的信息茧房、回音室效应(echo chambers effect)。

20世纪90年代,美国麻省理工学院媒体实验室创始人尼古拉斯·尼葛洛庞帝在《数字化生存》一书中预言了个人化信息服务的时代,并将之命名为"我的日报",本书第五讲已提及。当下,"我的日报"已成为现实,个人化的信息服务使得个人信息获取窄化。学者们使用"信息茧房""回音室效应"和"过滤气泡"(filter bubble)等概念来阐释这一现象。

信息茧房由哈佛大学法学院教授、奥巴马总统的法律顾问凯斯·桑斯坦在其2006年出版的著作《信息乌托邦——众人如何生产知识》中提出,本书第八讲做了阐述。社交媒体和算法推荐等会导致信息的窄化。互联网时代,我们看似能更便利地获得信息,却困于如蚕茧一般的"茧房"之中。

凯斯·桑斯坦还提出了另一个相关概念——回音室效应(见图12-1)。它指当人们在一个封闭的系统内交流时,接触到的信息会放大或强化已有的观念,并且隔绝反对意见。人们不断重复获取意见相近的信息,所处的环境就像一个回音室,回荡的是自己认可的观念和声音。回音室效应可能增加社会和政治极化及极端主义。回音室效应限制了多元观点的传播,强化了偏见和既定意识形态。

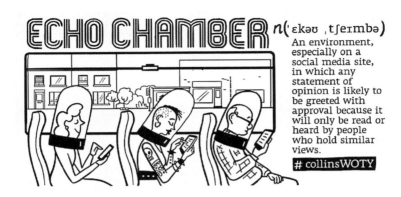

图 12-1　回音室效应

"过滤气泡"(见图 12-2)最早由互联网活动家伊莱·帕里泽(Eli Pariser)在其 2011 年的著作《过滤泡：互联网对我们的隐秘操纵》中提出。他发现，搜索引擎可以随时了解用户偏好，并过滤掉异质信息，为用户打造个性化的信息世界，但同时会筑起信息和观念的"隔离墙"，令用户身处一个"网络泡泡"的环境中，阻碍多元观点的交流。

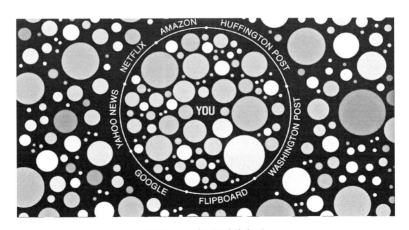

图 12-2　标准过滤气泡

过滤气泡以大数据与算法推荐为底层架构,根据用户的使用时间、地区和浏览习惯生成用户画像,并通过算法技术为其呈现独一无二的界面体验。这种针对个人搜索提供筛选后结果的推荐算法,被称为过滤气泡。

当我们谈及今日头条等依靠算法逻辑的信息分发平台对人们造成的信息窄化、与之相关的个人信息茧房现象时,我们应当注意到,在凯斯·桑斯坦提出"信息茧房"概念的 2006 年,算法推荐还未普及。"信息茧房"概念最初指向对信息的选择性接收。而选择性心理早在 20 世纪就曾被提出。传播学奠基人之一保罗·拉扎斯菲尔德(Paul Lazarsfeld)在关于美国大选的研究中发现,人们既有的政治倾向在很大程度上影响他们的媒介接触行为,受众更倾向于接触那些与自己原有立场、态度一致或接近的内容,选择性接触会强化既有立场和观念。

"过滤气泡"提出者伊莱·帕里泽在 TED 演讲中提到,最开始让自己关注到这个问题的是社交媒体首页定制新闻的"秘密"。作为自由派人士,伊莱·帕里泽常常会阅览一些保守派人士的文章,了解不同观点。突然有一天,他发现自己收不到保守派的任何信息了,因为这些信息被脸书过滤了。之后,他让他的朋友们使用相同的关键词进行搜索,每个人的搜索结果几乎完全不同,这显然是某种推荐算法造成的。过滤气泡以大数据和算法推荐为底层架构,过滤掉与我们观点相左或我们不喜欢的信息,只提供我们想看的内容,从而造成认知的偏狭。

这三个概念相互关联,有不同的产生背景,但都对社会现象具有较强阐释能力,能够切中肯綮,可将其用于分析作文中的议题。

(三)虚假信息

原题:2020 年北京卷

当今时代，我们每天都会面对各种各样的信息。其中有一条信息，或引发了你的感悟，或影响了你的生活，或令你振奋，或使你愧疚，或让你学会辨别真伪……

请以"一条信息"为题，联系现实生活，展开联想或想象，写一篇记叙文。

要求：思想健康；内容充实，有细节描写；语言流畅，书写清晰。

题干中提到了辨别信息的真伪。2020年刚好是疫情肆虐之初，很多关于疫情的虚假信息流传甚广。可以参考本书第六讲的内容，展开论述。联系个人经历讨论虚假信息何以扩散，对个人生活和社会造成了何种影响，也可以探讨如何辨别信息真伪。

(四) 符号与表征

原题：2020年天津卷

阅读下面的材料，根据要求写作。

"中国面孔"是全球热播纪录片里充满家国情怀的杜甫，是用中医药造福人类荣获诺贝尔奖的屠呦呦，是医务工作者厚重防护服下疲惫的笑脸，是快递小哥在寂静街巷里传送温暖的双手……也是用各种方式共同形塑"中国面孔"的你和我。

走过2020年的春天，你对"中国面孔"又有什么新的思考和感悟？请写一篇文章。

要求：① 自选角度，自拟标题 ② 文体不限（诗歌除外），文体特征明显 ③ 不少于800字 ④ 不得抄袭，不得套作。

我们可以将面孔理解为一种符号,通过面孔的符号传递了中国精神。本书第九讲在阐释广告时讲述了"符号"的概念。符号是具有特定意义的记号、图像、文字或其他形式的表示。符号通过约定俗成的方式,在社会和文化中被人们共同理解。符号可以再现、描述、象征或重构现实世界。确定了符号之后,可以充分挖掘符号的所指,通过所指实现表征,表达符号背后的深刻含义。

延伸阅读

1. [美]凯斯·桑斯坦:《信息乌托邦:众人如何生产知识》,毕竞悦译,法律出版社2008年版。

2. [美]伊莱·帕里泽:《过滤泡:互联网对我们的隐秘操纵》,方师师、杨媛译,中国人民大学出版社2020年版。

图书在版编目(CIP)数据

媒介为何令人着迷:媒介素养十二讲/徐笛等著.
上海:复旦大学出版社,2024.12. -- ISBN 978-7-309-17720-6
Ⅰ.G206.2
中国国家版本馆 CIP 数据核字第 2024CX8975 号

媒介为何令人着迷:媒介素养十二讲
MEIJIE WEIHE LINGREN ZHAOMI:MEIJIE SUYANG SHI'ER JIANG
徐　笛　等　著
责任编辑/刘　畅

复旦大学出版社有限公司出版发行
上海市国权路 579 号　邮编:200433
网址:fupnet@ fudanpress.com　http://www.fudanpress.com
门市零售:86-21-65102580　团体订购:86-21-65104505
出版部电话:86-21-65642845
上海盛通时代印刷有限公司

开本 890 毫米×1240 毫米　1/32　印张 7.25　字数 169 千字
2024 年 12 月第 1 版
2024 年 12 月第 1 版第 1 次印刷

ISBN 978-7-309-17720-6/G・2640
定价:42.00 元

如有印装质量问题,请向复旦大学出版社有限公司出版部调换。
版权所有　　侵权必究